# ÉTUDE

SUR

# LE TRAVAIL

## RÉSUMÉ ET CONCLUSIONS

PAR

## S. MONY

———+›»✕‹‹+———

PARIS

LIBRAIRIE HACHETTE ET Cⁱᵉ

79, BOULEVARD SAINT-GERMAIN, 79

—

1882

Cette brochure est le résumé de la deuxième édition de l'ÉTUDE
SUR LE TRAVAIL par M. S. Mony. 2 volumes in-8 10 fr.

# ÉTUDE

SUR

# LE TRAVAIL

PARIS. — IMPRIMERIE EMILE MARTINET, RUE MIGNON, 2

# ÉTUDE

## SUR

# LE TRAVAIL

## RÉSUMÉ ET CONCLUSIONS

### PAR

# S. MONY

DEUXIÈME ÉDITION

*941*

## PARIS

LIBRAIRIE HACHETTE et Cie

79, BOULEVARD SAINT-GERMAIN, 79

—

1882

# AU TRAVAIL

## HONNÊTE ET PERSÉVÉRANT

## AUX PATRONS, CHEFS, INGÉNIEURS

UN DE LEURS DOYENS

## AUX OUVRIERS

UN AMI SINCÈRE
et qui n'a jamais été leur flatteur

# ÉTUDE

# SUR LE TRAVAIL

## RÉSUMÉ ET CONCLUSIONS

Paix sur la terre aux hommes de bonne volonté.
S. Luc, ch. II, v. 14.

Toutes les belles et vraies pensées sur le travail
chrétiennes.
*Mandement de Pérouse*, de Mᵍʳ Pecci
aujourd'hui Léon XIII.

Je me suis proposé de constater par la double
et parallèle étude des faits et des sentiments,
des idées et des résultats acquis, la marche en
avant des sociétés modernes et particulièrement
de la nôtre, dans les voies du travail et de la production, sur le terrain de la liberté et de l'esprit
chrétien.

Au point où en est venue la question de l'or-

ganisation actuelle du travail, en présence des
exagérations que l'on y a mêlées, des erreurs par
lesquelles on l'a dénaturée et, il faut bien le
dire, de l'ignorance, de l'incertitude, de l'hésita-
tion si grandes encore qui règnent sur ces matières, même parmi les personnes éclairées, le
programme que je me suis tracé paraissait le
plus propre à conduire à des conclusions sensées
et pratiques, puisqu'il se bornait à consulter les
faits, l'expérience, le bon sens.

Pour rester fidèle à ce programme, j'ai écarté
de cette *Étude* tout esprit de système et d'utopie ;
je n'y ai recommandé, parce que je n'y croyais
pas, aucun plan offrant un remède à tous les
maux, ni aucune panacée universelle. Il ne m'é-
tait pas difficile de faire ce sacrifice, si c'en est
un, et de me renfermer dans ce cadre, bien qu'il
semble étroit. Les rêveries socialistes ou révolu-
tionnaires sur le travail excluent invariablement,
soit la liberté, soit la charité, souvent toutes les
deux ensemble, et la liberté et la charité sont les
deux fondements de l'organisation actuelle du
travail et de ses progrès.

## DÉFINITION DU TRAVAIL

Le travail, ce signe visible des desseins de Dieu sur nous, cette obligation et ce frein, cette force et cette joie, cette fatigue et cette leçon, ce grand bienfait, en un mot, est l'objet de ce livre, dont le meilleur résumé est dans cette définition.

Oui, pour tout être humain, le travail est une obligation ; il est un frein par lui-même et nous prépare, — c'est une de ses vertus, — à mieux comprendre et à désirer le frein bien autrement puissant et pénétrant de la religion ; il est une fatigue salutaire et une leçon de tous les jours ; il est une force comme l'accomplissement du devoir normal, et comme tel enfin, il est une joie, la joie de se sentir utile, et de devoir son existence et celle de sa famille à ses bras, à son intelligence, à soi-même.

Et c'est parce que le travail s'élève à ces hauteurs et qu'il est un des éléments considérables de l'organisme social, que les quatre premiers chapitres de cette *Étude* sont consacrés *à l'esprit chrétien, à la famille, à la propriété, à l'héritage,* l'esprit chrétien qui est le guide, la famille qui

est le soutien, la propriété qui est la récompense,
l'héritage qui est la sanction.

Ainsi, l'homme est sur la terre pour travailler;
par son intelligence ou par sa force, il doit obéis-
sance et tribut à cette loi générale, universelle,
qui est de tous les temps et de tous les pays.

A ceux qui trouvent que les choses de ce monde
sont mal faites, on est en droit de demander de
quoi ils rempliraient la vie humaine s'ils en
ôtaient le travail, par quoi ils remplaceraient
cette épreuve salutaire et féconde, cet enseignement viril et fortifiant.

Le travail est pour l'homme un des plus sûrs
moyens de se connaître lui-même, de prendre
pour ainsi dire sa mesure, et d'arriver à cette
estime honnête de soi, à ce légitime contentement
qui est le fondement d'un des sentiments les
plus préservateurs de la nature humaine, la
dignité du caractère.


## LOI ET NÉCESSITÉ DU TRAVAIL

Le travail est d'ordre divin.

« Croissez et multipliez; remplissez la terre et
vous l'assujettissez, » dit la Genèse.

Tel est le champ offert à l'activité humaine ; vaste champ, fécond, inépuisable ; mais ce bienfait n'est pas sans conditions.

« Vous ne tirerez de la terre de quoi vous nourrir qu'après beaucoup de travail. » (Genèse.)

Le travail ! voilà donc la loi et la nécessité ; il faut se nourrir et nourrir sa femme et ses enfants ; il faut relever de soi-même dans cette tâche, la première de toutes ; c'est le devoir et c'est l'honneur du mari et du père.

C'est ce mari, c'est ce père qui a été chanté dans les Psaumes de David.

Le Nouveau Testament a rendu le même hommage au travail. Jésus, les apôtres étaient des ouvriers ; saint Paul, ce confectionneur de tentes, est, pour ainsi dire, le législateur du travail.

« Que celui qui dérobait ne dérobe plus ; mais qu'il s'occupe en travaillant de ses mains à quelque ouvrage bon et utile, pour avoir de quoi donner à ceux qui sont dans l'indigence.

» Nous vous conjurons de vous étudier à vivre en paix, de vous appliquer chacun à ce que vous avez à faire ; de travailler de vos mains, comme nous vous l'avons ordonné.

» Nous n'avons mangé gratuitement le pain

de personne, mais nous avons travaillé jour et
nuit avec peine et fatigue, pour n'être à charge à
aucun de vous[1]. »

L'Église a toujours gardé ces grandes leçons ;
elle y a toujours conformé sa conduite et ses
enseignements. Le travail et les travailleurs n'ont
pas cessé d'être pour elle l'objet d'une affection
particulière, d'un respect qui ne s'est pas
démenti. Des textes nombreux des Pères et des
écrivains religieux nous en fourniraient mille
preuves. Est-il besoin de les rechercher en présence des mandements dus au cardinal-archevè-
que de Pérouse, Mgr Pecci, aujourd'hui Léon XIII,
mandements où le travail est loué et béni par le
Saint-Père en termes si éloquents.

Rien de semblable n'existe dans les religions
de Mahomet, de Confucius, de Bouddha.


## LE TRAVAIL AU POINT DE VUE SOCIAL

Considérons maintenant le travail au point de
vue rationnel et social.

L'homme est doué de trois sortes de facultés :

---

[1] *Épîtres* aux *Éphésiens* et aux *Thessaloniciens.*

celles de l'âme, celles de l'esprit, celles du corps. Il les reçoit très diverses et très inégales, non seulement entre elles, mais comparativement avec celles d'autrui.

Le philosophe qui ne veut juger des choses que selon ce qu'il appelle les lumières de la raison, le croyant, le penseur, religieux ou non, sont d'accord sur ce point fondamental de l'inégalité native des hommes entre eux dans l'ordre triple de leurs facultés.

De cette inégalité primordiale découlent, comme conséquence inéludable, la variété des travaux, l'inégalité des situations et des conditions.

Ces inégalités sont le fait d'une volonté supérieure à la nôtre, et qui sait mieux que nous à quelle fin elle a mis l'homme sur la terre. Mais les sociétés humaines ne doivent rien faire pour aggraver ces inégalités ; c'est pour elles une obligation absolue et chrétienne d'assurer à tous leurs membres l'égalité devant la loi, et la liberté du travail

## LA LIBERTÉ DU TRAVAIL

Les sociétés anciennes, les Juifs, les Grecs, les Romains, ont tous connu et pratiqué l'esclavage ; elles ont toujours et en même temps gardé une part, souvent importante, au travail libre ; toutefois l'on peut dire avec vérité qu'elles ont vécu du travail servile, et l'on peut ajouter avec certitude qu'elles en sont mortes.

Les textes qui prouvent l'existence du travail libre à côté de l'esclavage, et dès les plus anciens temps, sont nombreux et formels. La Bible, Hésiode, Homère, les historiens, les poètes ne laissent aucun doute à cet égard.

Les modernes, obéissant à l'inspiration chrétienne, ont développé les éléments de travail libre que l'antiquité leur avait légués. En même temps, l'esclavage allait s'affaiblissant, se transformant, dans plusieurs contrées, en servage qui s'éteignait à son tour, du moins en Europe, où l'émancipation accordée par Alexandre II aux paysans russes a définitivement assuré à toute la chrétienté l'honneur et le bienfait du travail libre[1].

Le travail libre ne s'est pas établi ni développé chez nous sans efforts. En face de la féodalité, des privilèges de la force, de l'incohérence et de la faiblesse de la législation et de l'administration, les travailleurs ont dû chercher des moyens de résistance, et ils les ont trouvés dans les corporations, les associations de métier ; le travail et le capital étaient plus forts ainsi contre les exactions et les abus de la puissance. C'est par les corporations que l'industrie et le commerce ont pu vivre et prospérer, des premiers temps de notre histoire jusqu'au dix-huitième siècle, et l'origine du Tiers État est là.

Mais le progrès des lumières, des mœurs, de la législation avait effacé le souvenir du bienfait primitif ; on ne voyait plus dans les corporations que leurs privilèges, leurs monopoles,

1. On sait que, dans les divers systèmes utopiques, on considère comme démontrée historiquement la série : esclave, serf, salarié, pour en déduire comme inévitable et s'imposant de lui-même un dernier terme : associé. L'exactitude historique manque à cette déduction. Le travail libre a existé de tout temps, et en luttant contre l'esclavage, il a donné une irréfragable preuve de sa vitalité. La possibilité pour l'ouvrier de s'associer s'appuie sur de tout autres considérations que celles de l'histoire.

leurs réglementations excessives, l'étouffement
de l'esprit d'invention et de l'initiative individuelle. En industrie comme en politique, on
voulait la liberté, on la voulait même démesuré-
ment, révolutionnairement; la monarchie et les
corps de métier furent emportés par la même
tempête.

Depuis 1791, la France possède la liberté du
travail, et il en est de même dans tous les États
parvenus à un degré supérieur de civilisation ;
les travailleurs y jouissent de la liberté d'eux-
mêmes. Ils n'ont à subir ni monopoles, ni privilèges. Ils emploient leur intelligence, leurs capitaux, leurs bras où et comme il leur plaît,
choisissant leur profession, la quittant, passant à
une autre, selon leur volonté.

Ce régime libre du travail a produit les déve-
loppements sans précédents dont nous sommes
témoins aujourd'hui; jamais le travail n'a été
plus abondant et plus honoré; jamais l'esprit
d'invention n'a été plus ingénieux et plus fécond.
Jamais le capital ne s'est formé plus abondam-
ment, ni employé plus utilement. Cette révolution est surtout l'œuvre de notre dix-neuvième
siècle.

Mais s'ensuit-il que ce régime soit achevé et complet ? Voyons-nous qu'il ait réuni tous les suffrages, conquis toutes les adhésions, qu'il satisfasse à toutes les prétentions légitimes, qu'il procure avec certitude le travail dans le présent, la sécurité dans l'avenir ? Comment, s'il en était ainsi, serions-nous témoins de troubles si profonds dans le monde du travail ? Je ne parle pas des excès de langage et d'aspiration des meneurs de la démagogie ; mais si un certain nombre d'ouvriers les suit, est-ce sans raison ? Dans ces griefs outrés, n'y a-t-il pas une part de vérité ?

Pour répondre à cette question sans illusion et sans utopie, il faut pénétrer dans l'étude du régime actuel du travail, dont les deux facteurs principaux sont le capital et le salaire.

## LE CAPITAL

Le mot CAPITAL a plusieurs acceptions.

L'usage le plus général applique ce mot à l'or, à l'argent, à la monnaie métallique comme à la monnaie de papier, en un mot au numéraire faisant l'office principal de l'échange et de la circulation, dans la production et le commerce,

et dans les diverses relations des hommes entre
eux.

Le capital ainsi considéré a, dans l'économie
sociale, le même rôle que le sang dans l'économie humaine. Suspendez la circulation du sang
et vous causez la mort; suspendez la circulation
du capital et vous causez la ruine générale.

La seconde acception, plus étendue que la
première, comprend dans le mot capital, la propriété mobilière sous ses nombreuses et diverses
formes.

Enfin, dans l'acception la plus large, le mot
capital est l'équivalent du mot propriété. Tout
ce qui est appropriable devient capital, et l'on
arrive à ceci que toute propriété est capital, que
tout capital est propriété. Les deux mots ont,
dans ce sens, la même relation avec le travail,
dont ils expriment à la fois l'instrument et le
produit, l'effet et la cause, également féconds,
également respectables, également inviolables à
ce double titre.

Point de travail possible sans un capital antérieur, point de travail utile s'il n'est pas suivi
d'un produit utile, c'est-à-dire d'un capital. Le
travail le plus simple, le semis d'une plante sup-

pose plusieurs capitaux antérieurs ou nécessaires : la terre, la bêche ou le râteau, l'engrais, la semence, la main-d'œuvre.

L'homme assis à son bureau et qui y écrit sous l'action de cette chose immatérielle qu'on appelle la pensée, qu'y fait-il? Il fait emploi d'un capital, souvent considérable, amassé en lui, et qui est sa science, son savoir, et il produit un capital-livre, échangeable chez l'éditeur pour de l'argent.

Le magistrat rendant la justice sur son siège, fait emploi du capital qu'il a amassé par l'étude des lois, et reçoit de l'État un capital, une rémunération qui est le prix du service qu'il rend chaque jour.

## DIVERS POSSESSEURS DU CAPITAL

Il arrive fréquemment que le capital avec lequel un travail est exécuté, n'appartient pas à celui qui l'emploie. Ainsi, une usine avec son outillage devient, par succession, la propriété d'une personne qui n'a pas les connaissances ni les habitudes ou les capitaux nécessaires pour la faire marcher et en tirer profit. Voici, d'un

autre côté, un industriel qui a les connaissances
et les habitudes nécessaires, mais n'a que peu ou
point de capitaux. Un rapprochement se fait
entre le propriétaire de l'immeuble et l'industriel, et ils conviennent d'un prix annuel repré-
sentant le loyer de l'usine. Qu'est-ce que ce
loyer? C'est le prix du service rendu à l'industriel
par la remise dans ses mains d'une chose, d'une
propriété, d'un capital qui est l'instrument immobilier indispensable à son travail; mais tout
n'est pas fait.

L'industriel a besoin d'acheter les matières
premières de son travail; il faut aussi qu'il paye
ses ouvriers; c'est l'objet d'un autre traité de sa
part, soit avec le propriétaire, s'il a les capitaux
nécessaires ét s'il consent à les prêter, soit avec
un banquier. Voici donc un nouveau service
rendu à l'industriel. De quel prix paye-t-il ce
service? Du même prix qu'il a payé le premier,
d'un loyer annuel qui, dans ce cas, s'appelle
l'intérêt de l'argent. Entre ces deux rémunéra-
tions, l'une pour le capital immobilier, l'autre
pour le capital mobilier, il y a similitude absolue; les noms diffèrent, mais ils expriment la
même chose : le prix d'un service rendu.

Nous sommes ici en présence d'une règle générale et sans exception. Le capital s'offre au
travail à la condition que le service qu'il rend
lui soit payé, en d'autres termes, à la condition
que le travail lui serve un intérêt. Plus une nation
s'enrichit, plus, par l'effet de la concurrence
entre capitalistes, l'intérêt de l'argent diminue,
au grand avantage du chef d'industrie qui, ayant
à subir une charge moins lourde du côté du
capital, peut diminuer son prix de revient et son
prix de vente, et augmenter ainsi tout à la fois
ses débouchés et le salaire de ses ouvriers.

POINT DE TRAVAIL SANS CAPITAL. — POINT
DE CAPITAL SANS TRAVAIL

Le capital et le travail vivent tous deux l'un de
l'autre. Le capital est du travail accumulé; sans
travail le capital reste inerte et stérile, et sans
capital, pas de travail.

En d'autres termes, point de travail possible
sans l'aide d'un travail antérieur transformé en
capital.

Tout travail intellectuel suppose un capital
employé à procurer l'instruction et la science.

Tout travail industriel suppose l'éducation technique et le capital qui y a été employé; il suppose aussi le capital nécessaire à la mise en train.

Tout travail manuel suppose un certain apprentissage et une certaine dépense; il suppose au moins aussi quelques outils, et fussent-ils même procurés par la charité, il y a là travail antérieur et capital.

Travail et capital sont nécessairement liés entre eux; on peut dire que c'est une association générale, inévitable, indissoluble. Elle est de tous temps, de tous pays, de toutes civilisations, de tous régimes politiques.

## LES ABUS DU CAPITAL

On reproche au capital les abus qu'il rend possibles, et ses spéculations sans création de travail (les jeux de Bourse); mais cela diminue-t-il le bienfait de l'application du capital au travail?

Le salarié qui emploie mal son temps, qui fraude ainsi celui qui le paye, que prouve-t-il? L'immoralité du salaire? Non, il prouve la sienne propre.

Le capitaliste qui, au moyen de secrets surpris, joue à la Bourse, ou bâtit des spéculations véreuses sur la crédulité publique, que prouve-t-il? L'immoralité du capital? Non, il prouve la sienne propre.

Nous pouvons abuser de nos plus belles facultés. Prouvons-nous ainsi qu'elles soient funestes et que la Providence se soit trompée en nous les donnant? Non, nous prouvons notre liberté, qui est la base de la morale. Si nous n'étions pas libres, non seulement d'user, mais d'abuser, où serait le mérite des bonnes actions et le tort des mauvaises?

## LE SALAIRE. — SA NÉCESSITÉ, SA MORALITÉ

Qu'est-ce que le salaire?

Le salaire est le prix d'un service rendu, comme le foyer d'une maison, d'une usine, d'un outil ou d'une somme d'argent. Il est la rémunération d'une intelligence ou d'une force mises, pour le travail, à la disposition d'autrui.

Un homme n'a que ses bras pour vivre; l'humanité, la justice, le bon sens ne permettent pas qu'on associe cet homme à une opération qui

peut n'être pas bonne, qu'il ne peut pas juger
dans sa conception, ni attendre dans ses résul
tats; il a besoin de payer son loyer chaque mois,
sa nourriture chaque jour. Cela ne peut pas être
à ses risques et périls; il lui faut de la part de
celui qui l'occupe la sécurité du vivre et du cou-
vert; de là, la sécurité du salaire, de là, sa nécessité et sa moralité.

On peut dire, sans doute, que lorsqu'un ouvrier engage à un chef d'industrie sa force ou son
intelligence, il se forme entre eux une association, puisque, dès lors, tous leurs efforts vont
concourir au même but; mais c'est une association qui n'est licite que dans ce cas spécial, car
elle ne comporte d'*alea* que d'un seul côté. Une
des parties est payée d'avance sur un produit
qui se vendra peut-être mal, et qui, en tout cas,
ne sera réalisé que dans quelques mois. Dans tout
autre cas, une convention de ce genre serait léo-
nine et légalement nulle.

## NOUS SOMMES TOUS DES SALARIÉS

En prenant le mot SALAIRE dans son acception
la plus générale, la rémunération d'un service

rendu, on reconnaît que nous sommes tous des
salariés : propriétaires, qui percevons nos salaires
sous forme de loyers, en échange du service
rendu aux fermiers ou locataires; capitalistes,
qui percevons l'intérêt des fonds prêtés; rentiers,
qui vivons d'un revenu fait par l'État, en échange
des sommes qui lui ont été confiées; magistrats,
avocats, médecins, employés, qui vivons de nos
émoluments ou de nos honoraires pour les services rendus aux justiciables, aux plaideurs, aux
malades; soldats, pour la sécurité assurée au
pays; écrivains et artistes, qui vendons nos œuvres; ouvriers, qui vendons notre peine. Cette
dernière rétribution porte plus particulièrement
le nom de salaire. C'est par une spécialisation
analogue que le mot propriété, dans la langue
courante, s'applique à la terre, tandis que son
vrai sens est la totalité des biens appropriables;
de même, toute rétribution perçue pour un service rendu, du plus haut au plus bas de l'échelle
sociale, est un salaire.

Quoi qu'il en soit, nous continuerons ici,
comme nous l'avons fait dans le cours de notre
*Étude*, à prendre le mot salaire dans son sens
restreint : le payement du travail manuel.

## FIXATION DE LA JOURNÉE DE TRAVAIL

Quelles règles président à la fixation d'une journée de travail? Pourquoi les prix varient-ils d'une localité à une autre, d'une époque à une autre époque? Quelles sont les causes de l'inégalité des salaires entre ouvriers de la même profession et du même atelier? Y a-t-il, pour la fixation des salaires, d'autre loi que celle de l'offre et de la demande?

## LOI DE L'OFFRE ET DE LA DEMANDE

On sait ce que l'on entend par cette loi de l'offre et de la demande; elle se formule comme suit dans la science économique : chère quand elle est rare, la main-d'œuvre baisse de prix si elle est abondante.

On reproche à la science la rigidité de cette formule qui semble réduire à un simple fait la fixation des salaires, c'est-à-dire une question qui touche à l'existence même des familles. Je passe les déclamations qu'on peut faire et qu'on a faites sur ce thème, où l'exagération masque si facilement l'ignorance.

L'économie politique ne prétend pas que la loi de l'offre et de la demande soit la règle absolue, le critérium unique pour le taux du salaire, car cette loi n'implique pas l'essentiel de la question. Le taux du salaire dérive d'une autre loi, qui est celle de la nécessité, comme nous le verrons tout à l'heure; mais une fois le salaire constitué, il est certain que l'offre et la demande donnent le moyen le plus sûr et le plus juste de régler les variations des prix, dans la pratique des ateliers.

## LA BASE DU SALAIRE

Qu'est-ce donc au fond que le taux du salaire? quelle est sa base?

Il s'agit de l'existence d'un homme, d'une famille. Il faut que l'ouvrier trouve dans son salaire, pour lui et les siens, la nourriture, le vêtement, le loyer, l'école des enfants, quelquefois les outils de sa profession, enfin un surplus pour la maladie, les chômages et l'épargne.

Le salaire qui satisfait à ces diverses nécessités est donc une résultante des prix du blé, du vin,

de la viande, du poisson, des légumes, des vêtements, des loyers, etc. C'est un minimum d'ailleurs, sans lequel la vie de l'ouvrier est impossible, s'il n'a pas d'autres ressources.

Et c'est parce que les comestibles, les étoffes,
les loyers varient de prix dans les diverses localités, que le taux du salaire minimum varie,
selon les lieux et les nations, et selon les mœurs
aussi. L'Anglais consomme plus que l'Espa-
gnol.

Mais comment le salaire minimum s'est-il
formé dans chaque nation et dans chaque région? Par le temps, par la pratique, par l'usage.

L'usage, en matière de salaire, est la conséquence d'une longue suite de faits et d'une quantité innombrable de conventions entre patrons et
ouvriers; il y a eu de nombreux tâtonnements,
des oscillations fréquentes, mais enfin l'on est
arrivé à des chiffres qui sont le *cours du salaire*
dans chaque région et pour chaque profession,
et ce cours du salaire a une grande notoriété.

Le cours du salaire est-il, généralement au
moins, égal au taux minimum dont nous venons
de reconnaître les éléments? L'expérience répond
par l'affirmative.

Voyons maintenant comment fonctionne l'usage.

Le prix usuel, à la campagne, est, pour la journée de manœuvre, de 1 fr. 25 à 2 francs. Un cultivateur prend-il un ouvrier sans faire prix avec lui? il lui doit, à la paye, le même prix qu'à ses camarades. Y a-t-il désaccord? Pas un juge de paix ne prononcera autrement que selon l'usage.

Un ouvrier mécanicien-ajusteur se présente dans un atelier et demande à être occupé. Il y a, dans l'atelier, des journées variant de 3 fr. 50 à 5 francs. L'ouvrier déclare que, dans l'atelier d'où il sort, il gagnait 4 francs, et qu'il voudrait gagner 4 fr. 50. « Entrez, lui dit-on, et dans quinze jours nous verrons si nous pouvons accepter votre demande. » Au bout de quinze jours l'accord est fait et l'ouvrier payé selon sa capacité.

Un entrepreneur de travaux publics a instantanément besoin d'un grand nombre d'ouvriers; il fait parcourir les localités voisines par ses agents qui annoncent le travail et une journée de 3 francs. Beaucoup d'hommes se présentent. L'entrepreneur choisit ceux qui lui conviennent

et le travail commence. Au bout d'une ou deux
semaines, chacun est classé selon son aptitude.
Les uns ont 3 francs, d'autres 3 fr. 25 ou 3 fr. 50;
d'autres ne sont gardés qu'à 2 fr. 75 ou 2 fr. 50.
L'atelier ainsi formé s'agrandit selon le besoin;
les nouveaux venus s'y classent selon leur force
et leur habileté.

Il n'y a pas d'autre mystère dans la formation
des grands chantiers de terrassement; on s'é-
tonne de la facilité d'organisation de ces petites
armées ouvrières, de leur calme, de leur discipline. L'usage a produit ce résultat, aidé de l'esprit pratique que les nécessités du travail inspirent à tous, chefs et ouvriers.

## LE MAXIMUM DU SALAIRE

Nous venons de voir quel est le minimum de
salaire désirable pour l'ouvrier. Il faut savoir
maintenant quel est le maximum de salaire possible pour le patron.

Je me place sur le terrain de la réalité, lais-
sant aux ignorants et aux énergumènes la thèse
des bénéfices certains et considérables de tout
patron qui occupe des ouvriers.

Ce patron est-il sans concurrents, soit au dedans, soit au dehors? Est-il toujours maître du cours des matières premières qu'il emploie, ou toujours à l'abri d'un nouveau procédé découvert par un confrère, et au moyen duquel les prix, selon l'expression usitée, sont momentanément écrasés? Est-il à l'abri des caprices de la mode qui se porte avec engouement, tantôt au coton, tantôt à la laine, tantôt aux étoffes mélangées?

Outre la concurrence intérieure ou extérieure, n'a-t-il pas les exigences de la consommation qui veut bien donner un certain prix d'un objet, tant qu'un objet analogue n'est pas offert à meilleur marché?

De tous côtés surgissent donc des causes de limitation dans les bénéfices de l'industrie et la conséquence irréfragable, c'est qu'il y a, dans chaque industrie, une limite pour le salaire. Cette limite est infranchissable; car, au delà, l'industriel aurait intérêt à s'arrêter et à donner une autre direction à son intelligence et à ses capitaux.

Entre ces deux limites de minimum et de maximum, il semble qu'il y a un champ bien vaste pour l'égoïsme ou la générosité du patron.

Non, ce champ n'est pas vaste; l'usage et la concurrence le tiennent renfermé dans d'étroites
bornes

## LA CONCURRENCE

En résumé, la fixation du salaire dépend de
deux nécessités également fortes : l'une relative
à l'ouvrier, l'autre relative à son industrie. Il
faut que l'ouvrier puisse vivre; il le faut aussi
pour l'industrie.

Mais comment concilier ces deux exigences?
Elles veulent que le bénéfice de l'industrie et le
salaire de l'ouvrier soient suffisants et ne soient
pas exagérés. Pour amener les bénéfices industriels à cette double condition, le moyen est
simple, connu et pratique : la concurrence le
donne. Mais le salaire? Où est la base pour qu'il
soit suffisant?

## VÉRITABLE BASE DU SALAIRE

Il y a des différences profondes entre tel ou tel
ouvrier, telle ou telle famille. Ici, un homme laborieux et de bonne conduite; là, un ivrogne et

m paresseux; ici, une ménagère intelligente;
à, une malheureuse sans conduite. Qui pren-
dra-t-on pour les régulateurs du salaire? Qui
peut-on prendre, si ce n'est le bon ouvrier?

Tel est donc le type à consulter dans la re-
cherche du salaire minimum nécessaire; ce type,
c'est l'ouvrier rangé, laborieux, économe; c'est
le travailleur honnête et persévérant. Telle est,
avec la liberté, la condition fondamentale du
travail, et toutes deux sont à son honneur.

Il est donc absolument vrai de dire que la base
du salaire minimum est la demande, ou plus
exactement, la nécessité du bon et honnête travailleur. Ce sont ces hommes qui, en donnant
pour base au salaire minimum leur courage,
leur moralité, leur sobriété, ont rendu le salaire
si digne du respect et de la sympathie de tous, et
ont fourni au travail ses auxiliaires les plus précieux, utiles ainsi, non seulement à eux-mêmes,
mais à tous.

## LES DIFFÉRENTS TAUX DU SALAIRE

Ce salaire, nécessaire pour la vie matérielle
de l'ouvrier qui donne simplement sa force, suf-

fit-il à l'homme intelligent, habile, adroit qui, avec
sa force, fournit son adresse ou son intelligence?
Matériellement, sans doute; pour la consommation usuelle, un homme vaut un autre homme,
mais l'intelligence, l'adresse ont leurs droits;
comment le salaire y satisfera-t-il? En s'élevant;
et qui garantit cet accroissement à l'ouvrier? Les
nécessités mêmes de l'industrie qui a d'autant
plus besoin d'ouvriers habiles qu'elle perfec-
tionne davantage ses méthodes et ses procédés.
La capacité étant *demandée* doit être *plus payée*.
De là, l'inégalité dans les salaires. Au salaire
minimum s'ajoute une augmentation généralement
ment progressive, qui permet à l'ouvrier une plus
grande épargne, s'il garde ses habitudes de sobriété et d'économie, et l'amène à la propriété,
au capital, à l'honneur et à la juste considération
qui s'attachent à une vie conduite avec une pa-
tiente énergie, un sentiment inaltéré du devoir.

On voit ce que devient le rêve si caressé de la
démagogie : l'égalité dans le salaire. Rien de plus
contraire à la nature humaine; est-ce pour cela
qu'on a songé, et que quelques retardataires
songent encore à en faire une loi sociale?

L'inégalité des salaires, dans une même pro-

ssion, dans un même atelier, n'a pas d'autre
use, — mais celle-ci est irrésistible, — que
différence d'adresse et d'énergie au travail des
vriers entre eux.

Il y a une autre différence, c'est celle des ap-
étits, des besoins, des passions; mais comment
n tenir compte sans les surexciter? Il n'y a là
ucune mesure certaine, sérieuse. L'habileté, au
ontraire, et la bonne conduite, s'affirment
'elles-mêmes, et l'on ne peut s'y tromper. Les
lus habiles sont les plus utiles; la justice veut
u'ils soient plus payés.

C'est l'éternelle et inévitable question de l'iné-
alité des facultés natives; l'inégalité des situa-
ions, celle des salaires en dérivent naturelle-
nent; c'est la force des choses.

## GRIEFS CONTRE LA CONCURRENCE

On a accusé la liberté qui, dans le monde du
ravail, s'appelle aussi la concurrence, de tendre
onstamment à la baisse des salaires.

Il semble, en effet, qu'il y ait quelque chose
le plausible à soutenir que la concurrence des
abricants entre eux doit réduire leurs prix de

vente, par suite leurs bénéfices, et qu'il y a là
pour eux, une incitation perpétuelle à réduire
les salaires; c'est si commode et si facile, disen
les partisans de cette thèse.

Il semble aussi que les ouvriers doivent, par
leur nombre, se faire concurrence entre eux, e
offrir aux patrons leurs services au rabais.

## LOI DE LA HAUSSE DES SALAIRES COMBINÉE
### AVEC L'ACCROISSEMENT DU CAPITAL

Une vue superficielle des conditions du travai
peut seule conduire à ces déductions; une étude
plus attentive montre qu'elles sont erronées, du
moins pour un pays en croissance de richesse
comme la France, et dans lequel la population
s'accroît beaucoup moins vite que le capital national.

Quand le travail est abondant, que les procédés sont en progrès, quel est l'intérêt des chefs
d'industrie? Est-ce de réduire les salaires? Non,
c'est de les augmenter; il n'y a pas, pour eux,
d'autres moyens, — l'expérience le leur dit tous
les jours, — de faire appel à l'habileté, à la capacité, à la persévérance et à l'honnêteté dans

le travail. C'est à cette seule condition qu'ils peuvent former un personnel intelligent, trouver et
poursuivre les améliorations des procédés au
moyen desquelles s'obtiennent les abaissements
de prix de revient, ou, ce qui est équivalent, la
perfection plus grande des produits.

En résumé, la concurrence agit, chez nous,
bien plus efficacement dans le sens de la hausse
que dans le sens de la baisse des salaires. Cela
est absolument hors de doute pour quiconque
est initié aux nécessités et aux combinaisons de
l'industrie.

Et qu'on remarque bien qu'il suffit, dans chaque branche d'industrie, que quelques hommes
se rendent compte de ce que vaut le talent, l'habileté de main, la bonne conduite de l'ouvrier.
Ce sont ces hommes, les plus intelligents de la
profession, qui font la hausse dans les salaires
de leurs ateliers; de proche en proche, toute la
profession suit; la concurrence ne permet pas de
reculer.

## LE TRAVAIL DE LA FEMME

Tout ce qui précède s'applique au travail de la femme aussi bien qu'à celui de l'homme ; mais des considérations particulières se rattachent au travail de la femme.

L'importance capitale du rôle de la femme dans la famille lui crée-t-elle la nécessité irrémissible de s'interdire tout travail intellectuel ou manuel, et d'appliquer exclusivement son esprit et ses forces aux soins du ménage et à la surveillance des jeunes enfants? Cette loi, préconisée par quelques esprits absolus, n'est fondée ni sur la physiologie, ni sur la psychologie de la femme ; elle ne l'est pas davantage sur la morale ou sur la religion. Les cinq millions de Françaises, les trente-cinq à quarante millions d'Européennes, qui travaillent, ne le prouvent-elles pas surabondamment?

La femme est la grâce et le charme du foyer, l'ordre et l'économie dans la maison, le conseil dans les difficultés, la consolation dans les peines ; elle est l'initiatrice des enfants. S'ensuit-il qu'elle doive se refuser à prendre sa part dans les occupations et le travail de son mari, ou même, en cas d'insuffisance du budget de la famille, s'interdire l'honneur et le bonheur d'y apporter son contingent, fruit de son effort et de son dévouement personnels?

En se refusant à subir de telles abstentions, la femme ne méconnaît pas les lois de sa nature aimante et dévouée; elle s'y conforme. Ce qu'il faut désirer pour elle, c'est que le travail ne dépasse pas ses forces, et que son cœur ne l'entraîne pas au delà des limites tracées par la nature et la raison.

## DANS LA BOURGEOISIE POUR L'INDUSTRIE ET LE COMMERCE

La bourgeoisie donne de notables exemples du travail de la femme. Il est très fréquent dans le commerce, dans l'industrie, que la maison soit conduite par l'association conjugale; Paris et Lyon montrent l'exemple. Toute une branche du travail et du commerce, la lingerie, la couture, les modes, la mercerie, est, à peu près exclusivement, entre les mains des femmes qui savent

allier à leur bon goût et à leur esprit d'invention
les plus sérieuses facultés commerciales.

## DANS L'AGRICULTURE

Dans l'agriculture, le rôle de la femme, comme
patronne ou comme servante, est considérable,
et nous devons à nos fermières, des branches
tout entières de produits et de commerce, qui
représentent plusieurs centaines de millions, et
mettent nos fermières aux premiers rangs de
l'agriculture féminine dans le monde.

## DANS LE SALARIAT

Dans le salariat, nous rencontrons d'abord le
travail en famille si digne d'intérêt, car il réunit
beaucoup de conditions favorables pour la moralité et le contentement de ceux qui le pratiquent. Mais quelques esprits extrêmes l'ont
présenté comme l'idéal du travail industriel; c'est
une exagération.

On n'a pas oublié les *caves* de Lille et la dégradation où y était tombé le travail en famille.

Les tisserands, — très nombreux dans cette

ville, — avaient reconnu que le fil de coton, de
lin ou de chanvre conservait plus de douceur,
plus de souplesse, et, par conséquent plus de
ténacité dans une atmosphère humide. Ils
avaient eu ainsi l'idée de mettre leurs métiers
dans les caves; puis, ils y avaient transporté
leur lit, leur mobilier, et la famille s'était
trouvée logée finalement dans ces locaux bas,
humides, mal aérés, mal éclairés. L'atelier, le
logement, la cuisine, tout était venu s'y entasser,
et ces tristes refuges étaient bientôt devenus
sordides. Leurs habitants y perdaient tout à la
fois leur santé et leur moralité. On sait que la
malpropreté est la plus envahissante des mala-
dies, la plus corruptrice des souffrances. Les
tisserands de Lille en ont fait l'expérience. Il a
fallu toutes les sévérités de la loi sur les logements
insalubres, pour les arracher à la dégradation où
ils étaient tombés.

Londres a eu des faits semblables et pires
encore.

Il reste donc démontré que le travail en famille,
malgré ses mérites particuliers et certains, n'a
pas une puissance sans limites pour assurer le
bien-être, la santé, la moralité de ceux qui le

pratiquent. Il est très digne de respect et de sympathie, mais il ne faut y chercher ni l'idéal, ni la
règle exclusive, ni la solution des problèmes du
travail.

## TRAVAIL EN CHAMBRE

Les deux autres modes du travail féminin sont
le travail en chambre, et le travail à l'atelier.

Le travail en chambre ne peut se payer qu'à la
tâche, puisqu'il ne se prête qu'à une surveillance
très intermittente de l'emploi du temps. Les prix
de tâche sont généralement faibles, et une des
principales raisons se trouve dans la concurrence
faite aux ouvrières par des femmes de la petite
bourgeoisie. Celles-ci cherchent, dans leur aiguille, le moyen d'augmenter un peu le budget
de la famille; mais comme leurs besoins sont
moins pressants, elles acceptent plus facilement
des prix plus bas. Les résultats en sont déplo-
rables pour les ouvrières en chambre. Beaucoup
se découragent, et cherchent dans le désordre un
supplément de ressources.

Ce mal fait à des femmes par des femmes
fournit ample matière au zèle charitable et chré-

tien d'autres femmes encore. Celles-ci, d'une
condition plus aisée, se font un devoir de pénétrer près de l'ouvrière en chambre, ici, pour
arrêter le désordre commencé, là, pour retenir
sur la pente du mal. Que de bien il se fait ainsi
par ces courageuses missionnaires de la charité,
par ces visiteuses de mansardes, qui y portent
des secours en vivres, en vêtements, en argent,
et savent y ajouter la bonne grâce qui en double
le prix, la douceur et l'émotion qui délient les
langues, obtiennent les confidences et ouvrent
les cœurs! Et quand une honnête femme est
venue se mêler ainsi au travail et aux peines
d'autres femmes, avec quelle pure satisfaction
ne peut-elle pas se dire qu'elle aussi elle a travaillé, et du travail le plus sain et le plus fortifiant,
celui qui produit le bien d'autrui !


## TRAVAIL A L'ATELIER


Le travail à l'atelier, soit des filles, soit des
femmes mariées, a été l'objet d'appréciations
très différentes et de grandes exagérations. Es-
sayons de discerner la vérité.

L'envoi de la jeune fille à l'atelier a, pour motif
principal, le désir de lui donner, de bonne heure,
les habitudes du travail, de lui faire apprendre
un métier, de lui assurer ainsi son *gagne-pain*.
Si les parents sont bons, s'ils ont donné de bons
principes et de bons exemples à leur enfant, il
est bien présumable que celle-ci comprendra
leurs intentions, et se conduira bien.

Mais s'ils sont mauvais . . . . hélas! s'ils sont
mauvais, il est à peu près certain que la jeune
fille n'est pas plus mal, qu'elle est peut-être
même mieux à l'atelier que chez ses parents.
Elle y a moins de liberté, et moins d'exemples
affligeants et démoralisants.

Quant à l'entrée de la femme à l'atelier, c'est,
dit-on, la destruction de la famille. Si l'on y re-
garde de près, on trouve, la plupart du temps,
que la famille était détruite par l'inconduite du
mari, avant que sa femme cherchât, pour elle et
ses enfants, un salaire à l'usine.

Dans les bons ménages où le mari, par son
travail exact, assidu, honnête, gagne de quoi satisfaire aux besoins de la famille, il est rare que
ce mari consente à ce que sa femme recoure à
l'atelier; ils préfèrent tous deux qu'elle prenne

du travail en chambre, et ajoute ainsi un petit supplément au budget familial.

Mais si la santé du mari s'altère, et s'il ne peut plus accepter qu'un travail plus doux et moins payé, la femme fait son devoir en entrant dans la vie industrielle qui lui donne des ressources moins étroites et plus sûres que le travail en chambre. Il n'y a rien que de louable dans de telles combinaisons. et loin que l'union conjugale s'y détruise, il est hors de doute qu'elle s'y resserre et s'y fortifie.

Et si le père n'a pas de conduite! s'il va dissiper au cabaret une partie de son gain! la mère n'est-elle pas en droit de demander au travail, pour elle et les siens, les moyens d'existence que le père ne sait pas leur assurer? Refusera-t-on à cette mère, qui voit la faim entrer à la maison, ce bonheur assurément le plus noble, si ce n'est le plus joyeux de tous, d'apporter le pain chez elle?

Il ne faut pas oublier que les crèches et les salles d'asile permettent aux mères de se décharger, en toute sécurité, d'une partie des soins que réclament leurs enfants. Je sais bien que certains moralistes en font un reproche aux crè-

ches et aux salles d'asile; mais ces moralistes ne
se sont sans doute pas trouvés souvent en présence de familles souffrant de la faim.

C'est surtout à l'industrie qu'on reproche
d'accepter le travail féminin; il est certain qu'aujourd'hui, le nombre des ouvrières de l'industrie
dépasse quinze cent mille. Un nombre si grand
et toujours croissant est une grande présomption
que l'industrie traite bien ses ouvrières; autrement les rangs de l'armée féminine industrielle
s'éclairciraient rapidement.

Consultée sur les conditions générales du travail, à Paris, la Chambre de commerce de Paris
a répondu, en ce qui concerne les femmes :
« Elles apportent largement leur contingent de
ressources, soit par les salaires qu'elles retirent
des travaux divers auxquels elles se livrent, soit
par leur économie et leur supériorité morale. »

## LE BUDGET DE L'OUVRIER

Plusieurs écrivains ont essayé de dresser le
budget de l'ouvrier, et de se rendre compte de
l'emploi qu'il fait de son salaire. C'est une tâche

difficile et délicate, qui exige beaucoup de talent
d'observation, des connaissances très variées et
une grande habitude de l'ouvrier, si méfiant
quand il s'agit de lui et de son intérieur. J'ai dit,
au chapitre X, mes raisons personnelles d'une
entière confiance dans les travaux de M. L. Rey-
baud sur ce sujet. Souvent associé à ses études,
et plusieurs fois à ses visites dans les ménages
ouvriers, je l'ai toujours vu, par sa rondeur et sa
franchise, par sa politesse simple et naturelle,
obtenir l'attention et le respect des parents, les
empressements, souvent bruyants, des enfants.
mettre, autour de lui, tout le monde à son aise,
interroger avec égards, acceptant d'abord tous
les renseignements et les chiffres qu'on lui four-
nissait, puis y revenant à un second entretien, et
finissant presque toujours par arriver à une confiance entière et à la vérité. Tels sont les motifs
des larges emprunts que je lui ai faits, dans ces
questions, et de la préférence que j'ai donnée à
ses renseignements et à ses chiffres.

Il y a d'ailleurs des faits publics et d'une grande
notoriété qui permettent de se faire une opinion
raisonnée et très voisine de la vérité sur ces matières.

## ORDINAIRE DU SOLDAT ET DE MULHOUSE

Les règlements militaires donnent les détails les plus précis sur la dépense du soldat.

Son ordinaire, à la caserne et par jour, est de 0 fr. 5648, et en campagne de 0 fr. 7675.

Ce dernier chiffre ferait pour l'année une dépense de. . . . . . . . . . . . . .  281ᶠ 05

Il faut y ajouter, pour le linge et les vêtements . . . . . . . . . . . . . .  110 80

Total. . . . .  391 85

soit 1 fr. 074 par jour.

## L'OUVRIER NON MARIÉ

Si l'on applique, soit ce chiffre de l'ordinaire du soldat, soit celui de l'ordinaire des cités industrielles de Mulhouse, qui est de 0 fr. 75 par jour pour trois repas, au jeune ouvrier industriel non marié, on a, par an, une dépense de.. 280ᶠ

Pour le linge, les vêtements, le loyer, il faut compter. . . . . . . . . . . . .  160

C'est un total de. . . . . . . . . . .  440

L'année moyenne de travail se compose de
300 jours ; il suffirait donc d'une journée de
1 fr. 50 pour couvrir cette dépense de 440 francs.

La journée de 1 fr. 50 se rencontre encore
fréquemment en agriculture, et, grâce au bon
marché du vivre et des vêtements, permet, à
l'ouvrier qui la reçoit, de faire quelques économies, mais elle ne se rencontre plus dans l'industrie, et si le jeune ouvrier a de la conduite et
de l'économie, il peut facilement amasser le petit
pécule qui facilite son mariage, non seulement
par lui-même, mais par la preuve qu'il donne de
ses bons sentiments et de sa bonne conduite.

## L'OUVRIER MARIÉ

Mais voici le mariage, puis les enfants. Ici le
budget change. Il est généralement admis que,
par la femme, il augmente de deux tiers, soit
300 francs, et de 200 francs pour chaque enfant.

Pour un ménage et deux enfants, c'est
1,140 francs, soit une journée de 3 fr. 80, si le mari
est seul au travail. Mais si le mari et la femme
travaillent, supposons que ces 3 fr. 80 se partagent en 2 fr. 75 pour le mari, et 1 fr. 05 pour la

femme. Ici encore nous avons une recette de
1,140 francs. Or, il est bien peu de femmes qui,
même sans aller à l'atelier, ne gagnent pas plus
de 1 fr. 05 ; il est bien peu d'hommes qui, dans
l'industrie, ne gagnent pas plus de 2 fr. 75.

Le mari gagnant 3 fr. 50, la femme 2 francs, la
recette du ménage s'élève à 1,650 francs, sans
les suppléments d'heures du travail, sans le bénéfice des tâches, etc. Voilà donc un ménage
ouvrier ayant des ressources égales ou supé-
rieures à celles d'une infinité de petits rentiers,
d'employés de l'État ou du commerce, qui ont
des budgets de 1,200 à 1,500 francs, sont soumis
à plus de sujétions que l'ouvrier pour les vêtements et le logement, et savent garder décemment
leur situation.

Dans les villes, les charges augmentent un
peu, par les octrois. Ici encore, des documents
certains montrent qu'il ne faut pas se laisser aller
à l'exagération.

La Société alimentaire de Grenoble donne par
jour trois repas pour 0 fr. 95 à 1 franc.

Les réfectoires de la Compagnie du chemin de
fer du Midi, à Bordeaux, donnent deux repas
pour 1 fr 14 à 1 fr. 20.

Ceux de la Compagnie du chemin de fer d'Orléans à Paris, donnent deux repas pour 1 fr. 14 à 1 fr. 20.

## AUGMENTATION CONTINUE DES SALAIRES.
### PREUVES

La possibilité de vivre, de maintenir sa famille décemment, d'élever les enfants, et de faire quelques économies, n'est donc pas douteuse pour le salariat, à la condition toutefois de la bonne conduite et de l'économie.

Les salaires sont d'ailleurs en progression constante. J'en puis donner deux preuves également certaines, puisque les chiffres sont textuellement extraits des livres de ma Société.

Salaires des mineurs de Commentry :

|  | 1855 | 1860 | 1865 | 1870 | 1875 |
|---|---|---|---|---|---|
|  | fr. | fr. | fr. | fr. | fr. |
| Piqueurs au charbon. . . . | 3,42 | 3,53 | 3,59 | 4,14 | 4,92 |
| Boiseurs. . . . . . . . . . | 2,92 | 3,53 | 3,55 | 4,11 | 4,65 |
| Cantonniers et nettoyeurs . . | 2,15 | 2,47 | 2,62 | 2,95 | 3,41 |
| Aides, encageurs, voituriers. | 2,43 | 2,62 | 3,09 | 3,30 | 3,07 |
| Receveurs, rouleurs. . . . . | 1,46 | 1,74 | 1,87 | 2,36 | 3,96 |
| Trieurs (enfants ou vieillards) | 1,44 | 1,37 | 1,11 | 1,99 | 1,98 |
| Machinistes, chauffeurs . . . | 1,88 | 2,15 | 2,00 | 3,42 | 3,66 |
| Remblayeurs. . . . . . . . | 2,36 | 2,31 | 2,85 | 3,35 | 3,78 |

Salaires des forgerons de Fourchambault :

|  | 1855 | 1860 | 1855 | 1870 | 1875 |
|---|---|---|---|---|---|
|  | fr. | fr. | fr. | fr. | fr. |
| Puddleurs, fer fini, maîtres . | 6,10 | 6,16 | 7,48 | 7,43 | 8,12 |
| Lamineurs, gros train, chef. . | 7,30 | 7,67 | 9,22 | 9,55 | 10,05 |
| Lamineurs, moyen train. . . | 5,65 | 5,05 | 6,83 | 6,91 | 11,01 |
| Lamineurs, petit train, chef . | 5 » | 8 » | 7,94 | 8,28 | 11,01 |
| Chauffeurs au gros train. . . | 5 » | 5,50 | 5,95 | 5,97 | 5,80 |
| Chauffeurs au moyen train . | 5,25 | 5 » | 4,69 | 5,14 | 5,32 |
| Chauffeurs au petit train. . | 5,23 | 5,80 | 5,90 | 6,53 | 6,52 |

De 1855 à 1875, l'augmentation est de 63 pour 100.

Un document d'une autorité considérable, puisqu'il émane de la grande commission d'enquête chargée par l'Assemblée nationale d'étudier les conditions actuelles du travail, conclut dans ce sens pour toutes les branches de la production, et pour la période comprise entre 1853 et 1871.

Le salaire des hommes non nourris a augmenté de 41 pour 100,

Et celui des femmes de 38 pour 100.

Dans l'industrie parisienne, le salaire des hommes a augmenté de 31 pour 100, et celui des femmes du même chiffre.

Dans l'industrie des textiles, les salaires ont augmenté de 81 pour 100.

Dans les villes, chefs-lieux de départements, de 171 pour 100.

## CAUSES PERTURBATRICES DES SALAIRES

La situation générale du salaire, en France, peut donc être regardée comme généralement satisfaisante; le travail n'a jamais été plus abondant ni mieux rémunéré. Il est impossible de ne pas reconnaître cependant que la sécurité n'est pas complète dans le régime qui donne ces heureux résultats. Il est quelquefois troublé, et par des influences très diverses, celles que j'ai appelées les *causes perturbatrices du salaire*.

Ces causes sont multiples, mais peuvent être ramenées à trois : le chômage, la maladie, le vice; elles diffèrent essentiellement entre elles ; la responsabilité de l'ouvrier, nulle pour la première, peu fréquente pour la seconde, pèse entièrement sur lui pour la dernière.

## LE CHOMAGE

Le chômage est-il un fait humain? Le travail sait-il si peu régler la production, que ses oscillations, quelquefois considérables, lui soient imputables? On l'en a accusé, et j'ai prouvé que c'était à tort.

Il n'est cependant pas contestable que l'esprit d'ambition ou de conquête, la guerre, les agitations politiques, sont des causes graves et fréquentes du chômage, et ce sont des faits humains.

Mais il y a d'autres causes, et la principale est un mystère digne, selon moi, des méditations des plus sérieux esprits; cette cause, c'est l'inégalité des moissons, inégalité qui, pour le froment et la vigne, produit des oscillations de plusieurs centaines de millions, et quelquefois de plus d'un milliard pour la France seule. Quelle en est la cause? Quel est le plus grand producteur des fruits de la terre? Le travail sans doute, mais avec l'aide de la température, de la pluie, de la chaleur, avec l'aide, en un mot, des phénomènes naturels, qui ne sont jamais dans la main de l'homme et lui sont souvent contraires

## NÉCESSITÉ DE LA CHARITÉ

Ainsi, causes sociales, ou causes naturelles, voilà les origines du chômage, et c'est une des raisons profondes de l'intervention de la charité, cette délégation de la Providence.

Ce n'est pas de longtemps encore que les hommes maîtriseront ou seulement atténueront les causes sociales ; quant aux causes providentielles, les efforts humains, secondés par les progrès de la culture et des moyens de transport, ne pourront que légèrement en adoucir les effets; quel palliatif nous reste-t-il contre leurs influences contraires, venues d'un pouvoir qui nous est supérieur? Quel remède à ces troubles profonds, imprévus, qui s'étendent à des populations entières, qui frappent surtout la partie la moins aisée? Quel palliatif à ces grands maux, si ce n'est la charité, si ce n'est l'esprit chrétien, si ce n'est la loi évangélique de l'amour du prochain?

## LA MALADIE, LE VICE

Mais il y a des causes perturbatrices plus ordinaires et plus générales; c'est la maladie, c'est le vice.

La maladie provient, sans doute, quelquefois de l'intempérance, mais souvent aussi de mille motifs pour lesquels la santé s'altère, même chez

l'homme qui n'a qu'un travail modéré, à plus
forte raison pour celui dont le travail est pénible.
Prêchez à cet homme la sobriété, la patience dans
ses maux, et la dignité humaine qui ne lui permet pas de tendre la main ; souvent, à peine vous
écoutera-t-il.

Mais il vous comprendra, si vous lui tendez
d'abord la vôtre pour le guérir et le mettre de-
bout en lui rendant la santé et le travail vous
aurez ouvert son cœur à vos bonnes leçons.

Quant au vice, la morale est dans son droit et
dans son devoir, lorsqu'elle le signale comme
l'une des causes les plus actives de la misère de
l'ouvrier, qui, sous ce funeste joug, désapprend le
travail, l'ordre, la sobriété, l'amour des siens,
lâche esclave de ses passions, bourrèau de sa famille, dont il ne sait plus gagner le pain, ou qu'il
consomme, une fois gagné, en plaisirs immon-
des.

Un jour, à l'Académie des sciences morales et
politiques, on dissertait sur les causes de la misère ; chacun des membres en indiquait une, quelquefois assez éloignée. « Ne cherchons pas si loin,
dit M. Renouard, la vraie cause, nous la trouve-
rons au catéchisme, au chapitre des sept péchés

capitaux. » Il y a là une grande et navrante vérité si ce n'est une vue complète sur la misère.

Oui, le vice est la cause perturbatrice la plus intense du salaire. Tout concourt à lui assigner ce triste rôle. Le travailleur vicieux, patron ou ouvrier, est responsable de ce fléau, le patron qui se ferme le cœur par ses dissipations, l'ouvrier qui, en désertant ses devoirs d'époux, de père et d'ouvrier, descend au dernier degré de l'échelle humaine. et ne peut plus trouver, dans la rémunération qui suffit à ses camarades, le moyen de vivre et de faire vivre les siens. Et cependant, qu'un de ces malheureux vienne frapper à la porte d'un de ces asiles ouverts par la charité, demandant assistance et secours, et la porte s'ouvrira. Accusera-t-on d'une faiblesse inintelligente les modestes serviteurs, les humbles servantes de la charité, qui ne demandent pas à ce malheureux s'il est le propre artisan de sa misère? Ils répondront : « Nous le voyons malade, épuisé, désespéré, et, au nom de Jésus-Christ, nous le soulageons ; peut-être sortira-t-il d'ici, non seulement guéri, mais meilleur. »

Et, à son tour, la charité est ici dans son droit et dans son devoir : la vérité est là, et la charité

remplit sa véritable mission. Les consolations
qu'elle espère lui sont rarement données ; mais
son ardeur ne se ralentit pas. En voyant le
nombre considérable d'œuvres de tout genre,
fruits de dévouements aussi ingénieux que désin-
téressés, combattant le mal, le malheur, la maladie sous toutes leurs formes, on ne peut s'empê-
cher de s'enorgueillir de son temps et de son pays,
et d'y voir un gage assuré de notre rédemption et
de notre salut.

En attendant qu'un génie sublime ait découvert une organisation nouvelle du travail où tout
sera bien-être et sécurité, que nous reste-t-il à
faire en présence des fléaux sociaux ou naturels,
que de nous servir des forces morales que Dieu a
mises en nous, pour atténuer les effets de ces se-
cousses quelquefois formidables et irrésistibles
que subit le monde du travail.


## LA CHARITÉ SOCIALE


Énumérons les diverses créations et institutions par lesquelles la charité sociale et la charité
privée concourent, chacune dans sa sphère, à rem-

plir ce grand devoir, à satisfaire ces grandes nécessités.

L'assistance publique, l'instruction publique,
sont les deux modes d'action par lesquels la société combat la misère et l'ignorance, qu'il faudrait appeler les deux plus grands fléaux infligés
à l'homme, si la nuit de l'âme n'était pas pire
encore.

Il y a entre ces deux moyens de défense et de
progrès de la société une différence palpable :
l'une touche au présent, et l'autre à l'avenir. Ce
sont les deux faces opposées de la prévoyance sociale ; mais elles tendent au même but : la lutte
contre les infirmités sociales ou humaines.

## L'ASSISTANCE PUBLIQUE

On a beaucoup disserté sur l'Assistance publique, les uns pour surfaire les droits et l'action
de la société, les autres pour les réduire aux plus
étroites limites. Je suis de ceux qui croient que
le gouvernement ne doit faire que ce qu'il est indispensable qu'il fasse ; il nuit à la société s'il
dépasse ces limites, car il ne les dépasse qu'au
détriment de l'énergie et de l'iniative indivi-

duelles, qui sont la plus féconde richesse de la nation.

Prenons successivement les principaux établissements sociaux de prévoyance et de charité, tels qu'ils sont aujourd'hui, et examinons sommairement leurs conditions générales et leurs résultats les plus saillants.

## LES CAISSES D'ÉPARGNE

Les *caisses d'épargne* sont une des meilleures créations modernes de la prévoyance et de la charité sociale. La pensée en est due à un Français, le R. P. de la Salle, fondateur aussi de l'Institut des frères des écoles chrétiennes. Ces deux créations ont eu des commencements pénibles dans leur pays d'origine. Pour la caisse d'épargne, c'est la Suisse et la Hollande qui ont le mieux accueilli d'abord cette idée vraiment belle et féconde, et c'est de là qu'elle est revenue chez nous.

Aujourd'hui les caisses d'épargne de l'Europe comptent seize millions de déposants, possédant près de dix milliards.

En France, le nombre des déposants dépasse

aujourd'hui 3,250,000, et le chiffre des dépôts dépasse un milliard.

La fondation des caisses d'épargne scolaires, où l'écolier peut acquérir un livret au moyen de versements successifs de 5 centimes, jusqu'à ce qu'ils arrivent à 1 franc, qui donne droit au livret, a imprimé une très forte impulsion à l'institution générale.

## BUREAUX DE BIENFAISANCE

Les *bureaux de bienfaisance* sont une très médiocre institution, c'est l'aumône légale, c'est-à-dire l'aumône avec toutes ses imperfections et sans aucun de ses mérites. C'est l'imitation presque ridicule, tant ses ressources sont bornées, de la taxe des pauvres de l'Angleterre.

Cette taxe a été une arme de combat dans la lutte du protestantisme contre le catholicisme, dont la défaite entraînait la chute des établissements charitables, fondés et soutenus par le clergé catholique. On a pourvu ainsi aux besoins des pauvres, mais l'Angleterre porte la peine de sa guerre contre la liberté de conscience. La taxe des pauvres a, plus d'une fois, compromis ses

finances publiques et surtout elle a engendré le
paupérisme anglais, cette plaie et cette honte de
l'Angleterre.

Nos bureaux de bienfaisance distribuent
24,600,000 francs entre 1,280,000 parties pre-
nantes. Ce n'est pas 17 francs par personne !

On a, dans ces derniers temps, achevé de dis-
créditer cette pauvre institution en y faisant entrer la politique. C'est le renouvellement des
certificats de civisme.

## LES MONTS-DE-PIÉTÉ

Les *monts-de-piété* sont d'origine italienne
(*monte*, banque ; *pieta*, charité ; banque de
charité). Le premier mont-de-piété a été fondé
à Avignon, alors ville papale.

Ce sont des maisons de prêts sur marchandises, sous la surveillance de l'administration,
la loi ne permettant le prêt sur marchandises
entre particuliers que sous certaines conditions,
imposées dans l'intérêt des emprunteurs, mais
qui sont longues et gênantes.

En 1876, le nombre des articles engagés à
nos monts-de-piété a été de 3,175,068, et l'en-

semble des prêts et des renouvellements s'est
élevé à 78,872,000 francs. ⸰

Les prêts inférieurs à 25 francs forment
87 pour 100 de l'ensemble. Ce détail indique
bien à quel genre de besoin satisfont les monts-
de-piété. La statistique révèle aussi ce fait inté-
ressant, que la petite industrie, le petit commerce, surtout à Paris, fournissent plus d'un
cinquième des dépôts. On a une petite échéance
à payer ; on n'est pas prêt ; on prend de la matière
première ou de la matière fabriquée, et l'on se
procure au mont-de-piété la somme nécessaire ;
la situation, le crédit, l'honneur commercial,
sont sauvés, et bientôt après, le dépôt est retiré.

## LES HOPITAUX, LES HOSPICES

Les *hospices et hôpitaux* occupent un rang
élevé parmi les œuvres sociales de prévoyance et
de charité.

Ces établissements sont au nombre de 1,532.

L'ensemble de leurs ressources, en 1876, a été
de 114,129,000 francs.

Le service des enfants assistés est de 12 millions
674,000 francs. On a reçu :

Dans les hôpitaux . . . .    410,902   malades
Dans les hospices. . . . .    68,530      —
Aux Enfants assistés. . . .   62,612      —
                            ─────────
            Total. . .       542,044      —

Le nombre total des journées de malades a été
de 76,768,000. C'est un bienfait considérable,
et qui fait honneur à notre société française.
Pourquoi faut-il que certains Conseils munici-
paux, celui de Paris surtout, aient misérablement
introduit la politique dans ces asiles où n'aurait
jamais dû pénétrer l'esprit de parti, ni surtout
l'esprit irréligieux? C'est du pur jacobinisme;
mais le jacobinisme passera, et l'esprit chrétien
restera et fera disparaître ces désordres odieux.
Le service rendu, surtout aux travailleurs, appa-
raîtra alors tout entier.

Il ne manque cependant pas d'esprits chagrins
et de démagogues qui nient le service rendu,
ou, du moins, le présentent comme une atteinte à la dignité de l'ouvrier.

Il y a en effet, selon les doctrinaires des bas-
fonds de l'atelier, une dignité de l'ouvrier, dignité
qui lui est spéciale, et qui est autre chose que la
dignité de tout le monde; pourquoi? C'est ce

que l'on ne dit pas, et par cette excellente raison
que rien de tel n'existe.

L'ouvrier est un homme fait de la même chair,
du même esprit, de la même âme que tous les
autres hommes. Imparfait, incomplet comme
toute créature humaine, il en a les vices et les
vertus, les faiblesses et les grandeurs. Ce qui fait
qu'il se croit une dignité spéciale, c'est qu'il se
sent plus susceptible, plus porté à la méfiance
que ceux qui le précèdent sur l'échelle sociale;
mais ce n'est nullement comme travailleur qu'il
est ainsi, c'est comme homme. Il n'est pas un de
nous qui ne se sente plus susceptible vis-à-vis
d'un supérieur que vis-à-vis d'un égal. Il y a
longtemps que La Rochefoucauld a dit que nous
avons plus de plaisir à voir celui que nous obli-
geons que celui qui nous oblige.

Il est absolument vrai de dire que la suscepti-
bilité, — qui n'est que l'exagération de la dignité,
— s'accroît en raison inverse de la position sociale; travers si l'on veut, mais travers général,
et qui n'est nullement spécial à l'ouvrier.

La dignité, la vraie, la bonne dignité, consiste
pour tout le monde, et bien entendu pour le
travailleur de tout ordre, à marcher droit et ferme

dans le devoir, à pratiquer le travail honnête et
persévérant, à être loyal et franc, à remplir toutes
ses obligations morales et familiales.

Il n'est pas spécial à l'ouvrier de repousser,
comme une atteinte à sa dignité, un secours offert
avec ostentation, sans sympathie, sans gravité,
sans cœur. Cela est blessant, humiliant pour tout
le monde ; il n'y a là de privilège pour personne.

Mais mettre sa dignité à rougir de sa situation,
à vouloir paraître autre que ce que l'on est,
dans une société qui, au milieu de ses inconsé-
quences et de ses mollesses, pratique le respect
de toutes les positions honnêtes et honnêtement
tenues, cela est indigne et puéril ; celui-là ne
mérite pas le nom d'homme et le titre de travailleur, qui se laisse aller à de tels sentiments,
et grandement coupables sont ceux qui les lui
inspirent.

L'homme isolé, la femme seule et sans famille,
quelquefois même le chef de la famille, qui ne
veut pas imposer aux siens des charges trop
lourdes, sont frappés, arrêtés par la maladie.
Sont-ils fondés à croire leur dignité blessée,
quand ils demandent leur admission dans ces
nombreux asiles de paix, de science, de soins

éclairés et maternels, mis par la société à la disposition de ceux qui sont dans l'impossibilité de supporter les frais du médecin, de la garde, des remèdes? En quoi leur dignité a-t-elle à rougir d'un bienfait qui leur est offert par la société entière et pour lequel les sommités de la science médicale s'empressent et s'honorent d'apporter leur concours?

Que celui dont l'inconduite a fait la pauvreté souffre en sa conscience d'être secouru ainsi, on le comprend, car il vole un bien réservé à la pauvreté honnête; mais si la conscience est tranquille, pourquoi cette répugnance à accepter les conséquences d'une situation qui n'est pas son fait, et qu'il travaille honorablement à relever?

Et cependant cette répugnance injuste, orgueilleuse existe; on ne le saurait nier, il n'est pas de chef d'industrie qui n'ait eu à combattre cette infirmité morale. Heureusement c'est celle d'une faible minorité; les hôpitaux s'agrandissent tous les jours et tous les jours la place y manque.

CAISSES DES RETRAITES ET RENTES VIAGÈRES

La *Caisse des retraites* ou *des rentes viagères pour la vieillesse*, a été fondée en 1850; c'est une œuvre excellente que tous les amis de l'humanité appelaient depuis longtemps de leurs vœux.

Au 1ᵉʳ janvier 1878, le montant des rentes viagères inscrites pour la vieillesse était de 9,119,158 francs. Le nombre des comptes ouverts de 59,174.

Cette institution est évidemment mieux dans les mains de l'État que dans toutes autres. Il n'y a là aucune place pour l'arbitraire, pour les passions politiques, même au milieu des luttes les plus ardentes.

INSTRUCTION PUBLIQUE

La France, avant 1789, avait une très belle organisation pour l'instruction populaire. Le clergé avait donné une grande extension à l'enseignement primaire et à l'enseignement secondaire. Il y avait peu de communes qui n'eussent leur école; l'enseignement secondaire ouvrait toutes les avenues de la littérature et des sciences, sauf les sciences naturelles et physiques qui n'étaient pas alors ce qu'elles sont aujourd'hui. Quant à l'enseignement supérieur, que nos anciennes libertés provinciales avaient fait si brillant, il avait beaucoup perdu avec l'affaiblissement de ces libertés sous les efforts despotiques de Louis XIV.

Au commencement de ce siècle, Napoléon a voulu compléter son œuvre de centralisation administrative et mettre la main sur tout ce qui touchait à la culture de l'esprit. Il a créé l'Université, la sevrant de toute liberté, et l'érigeant en monopole. C'était décréter la routine. La France, le monde, ont pu juger l'arbre à ses fruits.

Mais dès notre premier essai du gouvernement libre, l'opinion publique s'est émue de la pauvreté de notre enseignement populaire et la loi de 1833, proposée par M. Guizot, a donné le signal de la renaissance de cet enseignement et de tous les enseignements. La belle loi de 1850 a plus largement ouvert les portes de la liberté, et celle de 1875 lui a rendu tous ses droits dans l'instruction publique.

C'est cette belle œuvre, si péniblement achevée
qui est menacée aujourd'hui ; on pousse l'État à
la détruire pour revenir aux monopoles univer-
sitaires. Ce serait une grande et déplorable
erreur. La France d'ailleurs ne se soumettrait
pas longtemps dans le domaine de l'enseignement
à cette triste reproduction du mandarinat chi-
nois ; elle sait où ce régime pétrifiant a conduit
le Céleste empire.

### ENSEIGNEMENT PRIMAIRE

Constatons la situation actuelle dans les trois
branches d'enseignement.

Le nombre des écoles primaires était, en 1876,
de 71,547, et doit dépasser aujourd'hui 75,000.
C'est une moyenne de deux écoles par commune.

Le nombre des élèves fréquentant l'école,
garçons et filles, a été de 3,878,000. La population scolaire de six à treize ans étant de
4,502,894, il a donc manqué 624,894 enfants.

C'est 14 pour 100 de l'ensemble. Cette propor-
tion diminue tous les ans. Il y a trente ans, elle
était plus que double.

Pour 1877, les chiffres de présence aux écoles

sont sensiblement plus élevés ; mais on a de fortes
raisons de douter de leur exactitude.

## ENSEIGNEMENT SECONDAIRE

Dans l'enseignement secondaire, et de 1837 à
1876, le nombre des élèves dans les lycées et
collèges communaux a passé de 38,187 à 79,231.
Il faut ajouter, à ce dernier chiffre, celui de
46,816 pour les établissements privés. En somme,
il n'est pas douteux que, depuis quarante ans, le
nombre des jeunes gens recevant l'enseignement
secondaire a plus que doublé.

## ENSEIGNEMENT SUPÉRIEUR

L'enseignement supérieur a dix-sept acadé-
mies et quatre facultés libres, celles de Paris, de
Lyon, de Lille et d'Angers. Il y a aussi une faculté
libre de droit à Toulouse. Cette situation est très
supérieure à ce qui existait, il y a trente ans,
surtout pour l'élément libéral et religieux qui le
complète, et lui donne, par la concurrence, une
forte vitalité.

## BUDGETS RÉUNIS

Les budgets des trois degrés d'enseignement ont été en 1876, tels qu'il suit :

| | |
|---|---:|
| Enseignement primaire . . . . . | 120,000,000ᶠ |
| Enseignement secondaire . . . . | 75,923,000 |
| Enseignement supérieur . . . . | 13,165,000 |
| . | 209,088,000 |

Sur ces 209 millions les familles en fournissent 106. Ces chiffres sont plus que doublés depuis un demi-siècle.

## PROGRÈS DE L'INSTRUCTION

L'instruction s'est accrue d'une manière inespérée. On en a une preuve officielle et irréfragable dans le nombre des conscrits sachant lire. Il a été :

| | | Progression |
|---|---|---|
| En 1827, de . . . . . . | 42 pour 100 | » |
| En 1837, de . . . . . . | 54 — | 28 pour 100 |
| En 1847, de . . . . . . | 63 — | 16 — |
| En 1857, de . . . . . . | 68 — | 8 — |
| En 1867, de . . . . . . | 79 — | 16 — |
| En 1877, de . . . . . . | 85 — | 7 — |

On voit que ce sont les périodes les plus anciennes qui ont présenté la plus forte augmentation. Le temps actuel semble cependant s'en attribuer le principal mérite ; plus de modestie conviendrait évidemment mieux. Mais la modestie est bien passée de mode.

L'élan incomparable avec lequel notre pays a abordé, depuis un demi-siècle, le développement de l'instruction à tous les degrés, est assurément une des plus fortes preuve du progrès moral de notre temps. C'est cette œuvre qui est compromise aujourd'hui par les passions politiques et antireligieuses ; cependant les pères de famille n'ont pas laissé ignorer l'attachement qu'elle leur inspire. Quelques chiffres puisés aux documents officiels vont nous en donner la preuve irréfragable.

## SUPÉRIORITÉ DE L'ENSEIGNEMENT RELIGIEUX

La *Statistique de l'enseignement primaire*, t. II, document bien connu du ministre actuel de l'instruction publique, puisqu'il est résumé dans un rapport signé de ce ministre lui-même, donne les chiffres suivants :

« De 1850 à 1877, les écoles primaires laïques de garçons ont gagné 272,000 élèves, et les écoles laïques de filles en ont gagné 140,000 ; c'est en tout 412,000 élèves.

» Dans le même temps, les écoles religieuses ont gagné 761,630 élèves. »

La *Statistique de l'enseignement secondaire* donne les renseignements suivants :

« Pendant les onze années qui se sont écoulées, de 1854 à 1865, on a perdu 168 maisons libres laïques, et l'on a eu en plus 22 maisons ecclésiastiques.

» De 1865 à 1876, on a eu en moins 163 maisons laïques et en plus 31 établissements ecclésiastiques.

» La population scolaire a diminué, pendant cette même période, de 11,760 élèves dans les établissements-laïques, et augmenté de 11,919 dans les maisons ecclésiastiques.

» En 1865, les établissements ecclésiastiques, qui ne représentent guère que les 2/5 du nombre des maisons laïques, avaient une population scolaire égale aux 4/5 de ces mêmes maisons.

» En 1876, non seulement les établissements ecclésiastiques représentent, en nombre, plus

des 3/5 des maisons laïques, mais leur population
scolaire dépasse de 15,567 élèves celles des maisons laïques. Cette différence porte particulièrement sur l'internat. Les établissements laïques
ne comptent que 16, 870 pensionnaires et demi-
pensionnaires, tandis que les maisons religieuses
en ont 33,092, c'est-à-dire le double. »

De tels faits sont sans réplique. La volonté de
la France est là; la majorité des pères de famille
veut que les enfants reçoivent en même temps les
lumières de l'âme et celles de l'esprit.

## LA CHARITÉ PRIVÉE. — LES SALLES D'ASILE

L'œuvre charitable la plus importante, parmi
celles de la charité privée, est celle des *salles
d'asile*. La première date, en France, de 1828;
elle a été fondée, à Paris, par M. Cochin. En 1837,
le nombre des salles d'asile était de 251; il est
aujourd'hui de 4,147.

Elles sont dirigées exclusivement par des femmes, une directrice, une sous-directrice, s'il est
nécessaire, et quelquefois une auxiliaire à la journée; leur nombre est de 6,223, dont 1,176 laïques
et 5,047 religieuses.

Les mêmes documents officiels, que nous avons consultés plus haut sur l'action comparée des laïques et des ecclésiastiques, montrent les communautés gagnant constamment du terrain, et la confiance des parents s'affirmant de plus en plus dans les institutions religieuses.

## CRÈCHES, OUVROIRS, SOCIÉTÉS MATERNELLES

Les crèches pour les petits enfants, les ouvroirs où les jeunes filles apprennent les travaux à l'aiguille, les sociétés maternelles dévouées à la protection et à la préservation de l'enfance sont des œuvres analogues aux salles d'asile. Mais on ne possède sur ces établissements que des documents incomplets, ces maisons ne faisant aucun effort pour donner de la publicité à leurs œuvres.

## RÉCAPITULATION DES ŒUVRES DE LA CHARITÉ PRIVÉE

Bien d'autres œuvres sont le fruit de la charité privée. Voici la récapitulation de l'ensemble :

| | |
|---|---:|
| Salles d'asile. . . . . . . . . . . . . . . . . | 4,147 |
| Crèches . . . . . . . . . . . . . . . . . . | 96 |
| Ouvroirs. . . . . . . . . . . . . . . . . . | 461 |
| Orphelinats . . . . . . . . . . . . . . . | 426 |
| Sociétés maternelles. . . . . . . . . . . | 134 |
| Œuvres pour les femmes en couche. . . . . | 5 |
| Œuvres pour la première communion . . . | 6 |
| ― pour les sourds-muets. . . . . . . | 4 |
| ― pour la protection de l'enfance. . | 38 |
| Écoles professionnelles. . . . . . . . . . | 13 |
| Œuvres d'assistance pour les adultes . . . . | 18 |
| ― pour les malades pauvres | 16 |
| ― ― pour les convalescents pauvres. . . . . . . | 15 |
| ― ― pour la vieillesse . . . | 35 |
| ― pour l'assistance judiciaire . . . . | 7 |
| ― pour les étrangers dans le besoin. . | 15 |
| Maisons de patronage. . . . . . . . . . . | 142 |
| ― de préservation. . . . . . . . . . | 36 |
| ― mixtes de secours. . . . . . . . | 356 |
| Hospices privés . . . . . . . . . . . . . | 36 |
| Asiles ou refuges. . . . . . . . . . . . . | 175 |
| Conférences de Saint-Vincent-de-Paul . . . | 493 |
| Fourneaux économiques. . . . . . . . . . | 35 |
| Œuvres de Saint-Régis. . . . . . . . . . | 15 |

6,724

Tous ces chiffres, sauf ceux des salles d'asile,
remontent à plus de vingt ans, et l'on ne peut
douter qu'aujourd'hui ce chiffre ne dépasse huit
mille, soit, en dehors des salles d'asile, quatre
mille refuges offerts à l'enfance, à la maladie, à
la vieillesse, au repentir. Telle est l'œuvre due
à l'alliance de la liberté et de la charité.


## CONGRÉGATIONS RELIGIEUSES


Mais l'œuvre capitale due à cette alliance bienfaisante et féconde est celle de la formation des
communautés d'hommes et de femmes, toutes
inspirées par l'esprit de dévouement et de sacrifice et dont la presque totalité se voue à
l'instruction des enfants et au soulagement des
malades. Il ne faut pas en excepter celles en très
petit nombre qui se vouent à la prière contem-
plative ; il est des cœurs ulcérés, désespérés, des
âmes succombant aux orages de la vie, et qui,
sans ces asiles de silence et de paix, iraient tout
droit au suicide.

Les communautés d'hommes, enseignantes et
charitables, sont au nombre de 95, et ont 32,000

membres. Les communautés de femmes sont au nombre de 1,136, et ont 130,000 membres.

Le nombre des enfants élevés dans ces maisons est de 2,209,000!

C'est ainsi que la France, à son grand honneur, s'est couverte de ces nombreuses créations, si ingénieuses dans leur esprit de charité, si intelligentes dans le choix du but, si admirables dans leur foi au bien, et leur inébranlable croyance au succès.

Quelle confiance n'est-il pas permis de mettre dans les destinées d'une nation qui, à travers tant de malheurs et de ruines, de divisions intestines et de révolutions, si agitée et si hésitante politiquement, se montre si féconde, si persévérante, si douce et si ferme dans les voies de la charité, et tire de son cœur cette grande armée du bien, toujours plus nombreuse et toujours aussi dévouée!

## L'ASSOCIATION

Nous venons d'examiner les divers moyens que possède la société pour parer, soit par son action collective, soit par la force morale de ses mem-

bres, aux accidents et aux chômages du travail,
à la maladie, à la misère. Mais le travailleur à
qui ces ressources sont offertes, n'a-t-il pas en
lui-même un préservatif plus sûr encore? Il en
a deux : d'une part, sa bonne conduite, sa résistance personnelle, son économie; de l'autre,
l'association.

L'association a des formes très variées. Examinons les plus importantes.

## SOCIÉTÉS DE SECOURS MUTUELS

Au premier rang, par l'ancienneté, par l'expérience acquise, se placent les *Sociétés de secours
mutuels*.

Ce genre de sociétés se forme généralement
par profession. Dans les grandes agglomérations,
la même profession comprend généralement plusieurs sociétés mutuelles.

La législation des sociétés mutuelles, résu-
mées et élargies par la loi de 1850 et le décret
de 1852, donne à ces sociétés les facilités essentielles à leur formation, sans être aussi libérale
que la législation anglaise; c'est pour cette raison, sans doute, qu'il y a encore un si grand écart

comme nombre et importance entre les sociétés mutuelles des deux pays.

Le nombre de nos sociétés de secours mutuels était, en 1860, de 4,252, et, en 1878, de 6,293. Le nombre des membres était, à la première époque, de 710,164, et à la seconde de 977,752.

Leurs ressources financières étaient, en 1869, de 55,133,553 fr., et, en 1878, de 85,752,389.

## SOCIÉTÉS AMICALES ET UNIONS OUVRIÈRES ANGLAISES

Le progrès n'est pas contestable; mais nous sommes loin encore des *Sociétés amicales* (*Friendly societies*) de l'Angleterre, qui sont au nombre de 30,000, ont un capital accumulé de plus de six cents millions, et distribuent annuellement cent cinquante millions. Ces sociétés, qui n'ont jamais pris part à aucune grève, et sont administrées avec autant de zèle que de probité, ont eu toutes les faveurs du Parlement qui n'a été ici que l'écho de l'opinion publique.

Il n'en a pas été de même pour les *Unions ouvrières* (*Trade's unions*). Celles-ci, notoirement fondées en vue de provoquer et de fomenter les

grèves, ont été quelque temps la terreur de l'industrie, qu'on a pu croire, un instant, à jamais
perdue. Mais l'excès du mal a réveillé l'énergie
des patrons qui, soutenus vivement par l'opinion
publique, se sont unis à leur tour, ont refusé
toute concession, et ont mieux aimé fermer leurs
usines et attendre, que de marcher sciemment à
une ruine certaine, par une série de concessions
dépassant toute mesure; dès lors la face des
choses a changé, au profit surtout des ouvriers
membres des *trade's unions :* car celles-ci ont pris
de tout autres allures, et la législation anglaise
a pu se relâcher pour elles.


## CAISSES DE SECOURS

Il existe un autre genre de sociétés mutuelles :
les *Caisses de secours.* Celles-ci sont spéciales à
un établissement : mine ou usine. Un prélève-
ment mensuel est fait sur le salaire de l'ouvrier;
le chef ajoute une somme généralement égale à
l'ensemble de la cotisation des ouvriers. Un conseil, composé des principaux collaborateurs et
d'ouvriers, sous la présidence du patron, distri-
bue les secours.

Cette association entre le capital et la main-
'œuvre est excellente en soi.

## SOCIÉTÉS COOPÉRATIVES

Les *Sociétés coopératives* sont une des meil-
eures créations de ce siècle, et sans renfermer
out le bien, tout le secret, tout l'avenir du tra-
ail, ouvrent la voie à un grand nombre de com-
inaisons qui toutes contiennent de précieux
léments d'union et de conciliation.

Elles comportent trois divisions principales :

1° Les Sociétés coopératives de consommation
ù, selon l'expression anglaise, de distribution.
ans ce genre de sociétés, il peut y avoir asso-
iation entre patrons et ouvriers, ou entre ou-
riers seuls ;

2° La participation des ouvriers aux bénéfices,
e patron gardant la direction ;

3° Les Sociétés coopératives de production.
ci encore, il peut y avoir association entre pa-
ons et ouvriers ; dans ce cas, la combinaison se
approche du second genre ; ou bien il n'y a que
es ouvriers associés, et ils remplissent un double
ôle, donnant leur argent et leur peine. Ils choi-

sissent leurs chefs, et l'expérience apprend que le succès de l'entreprise dépend à peu près exclusivement de ce choix ; on devait s'y attendre

L'Angleterre a de beaucoup précédé les autres nations, pour les sociétés de consommation. Les premières remontent chez elle à 1842.

L'association si célèbre de Rochdale (la Société des *loyaux pionniers*) est de 1844. Elle a été fondée par cinq ouvriers fileurs. La cotisation a été d'abord de 2 pences (11 centimes) par semaine. Quand on a eu 700 francs, on a commencé les opérations. Aujourd'hui la Société de Rochdale compte 7,800 associés ; elle a des fabriques et des moulins ; son capital est de quatre millions ; elle fait pour huit millions d'affaires, et réalise un bénéfice de 800,000 francs ; c'est, en deux mots, L'HISTOIRE DE LA CONQUÊTE D'UN GRAND CAPITAL, PAR L'ÉCONOMIE ET LA PROBITÉ EN ASSOCIATION.

*Sociétés avec participation des ouvriers aux bénéfices.* — Il existe un certain nombre de ces sociétés en Angleterre et quelques-unes en France ; les revers y sont plus nombreux que les succès. L'expérience apprend irréfragablement que le succès ne s'y est obtenu qu'aux mêmes conditions qui font partout le succès dans la production et le travail : l'unité dans le commandement, la probité et le dévouement de tous.

Il en a été de même pour les *Sociétés coopératives de production;* et là, les conditions de succès sont plus nécessairement que partout ailleurs, celles que nous venons d'indiquer.

Il ne fallait donc pas s'attendre à un succès immédiat et général pour ce genre de sociétés ; mais elles se fondaient sur des idées qui avaient, de prime abord, obtenu la sympathie publique; l'opinion, à la nouvelle des premiers essais heureux, était allée jusqu'à l'enthousiasme, jusqu'à l'illusion ; c'était, croyait-on, l'aurore de l'âge d'or du travail ; les grèves avaient vécu !... De là l'émotion qui s'est produite à la nouvelle des échecs anglais.

Mais si l'on avait trop espéré, il ne faudrait pas, aujourd'hui, par un entraînement contraire, désespérer d'une idée qui, pratiquée avec sagesse, honneur et patience, ouvre des perspectives nouvelles au travail et à la dignité humaine, et prépare à l'esprit chrétien plus de surface, d'influence et d'action.

## LES BANQUES POPULAIRES

Les *banques populaires* sont un genre d'association très précieux pour le travail. L'Écosse et l'Allemagne en offrent des exemples très intéressants à étudier.

## LES BANQUES D'ÉCOSSE

Les *banques d'Écosse* présentent cette particularité qu'elles acceptent les plus modestes clients, et ouvrent des comptes personnels pour des versements infimes. Quand le compte atteint un certain chiffre, on donne au client un carnet de chèques avec lesquels il peut faire tous ses payements, même les plus faibles, de même qu'il peut continuer à apporter à la banque la recette de la journée quelle qu'elle soit. L'intérêt lui en est compté à partir du lendemain. Ainsi, il ne perd pas l'occasion d'une économie.

L'autre particularité est aussi intéressante; un ouvrier veut s'établir; il ne possède que quelques économies; mais il a des amis, ayant compte à la banque, et qui connaissent sa bonne conduite et son ardeur au travail. Sous leur garantie, la banque lui ouvre un compte à découvert (*cash-crédit*), sous la seule condition que sa recette de chaque jour sera versée à la banque, et qu'il ne payera qu'avec les chèques de la banque.

Les banques d'Écosse sont au nombre de treize, et elles ont 625 succursales; elles étendent ainsi leur action bienfaisante sur le pays entier et y entretiennent une merveilleuse circulation de capitaux.

## BANQUES D'AVANCES DE L'ALLEMAGNE

Les *banques d'avances* de l'Allemagne reposent sur une idée très simple. Si une banque ne peut pas faire d'avances à qui n'a rien, elle peut en faire si le demandeur est cautionné par ses camarades, offrant la garantie de leurs petites économies placées à la banque. Cette idée, vraiment très simple, a donné des résultats inespérés.

En 1874, les banques d'avances de l'Allemagne étaient au nombre de 2,639, avaient plus d'un million de sociétaires. Elles travaillaient sur 500 millions, et par prêts, renouvelés tous les trois mois. Le mouvement annuel avait été

de 1,694,656,477 francs. Le taux de l'intérêt
est de 6 pour 100 ; la commission est de 1/2 pour
100 pour trois mois ; c'est, en tout, 8 pour 100
par an.

En résumé, la société coopérative pour la consommation, la production et le crédit est un mode
d'association digne du plus sérieux intérêt. Elle
a un grand avenir, si elle ne prétend pas régir le
travail par des règles nouvelles prises en dehors
de la liberté, du bon sens, de l'expérience. Elle
se fonde sur les vertus et sur les conditions qui
seules font le succès : la probité, la persévérance, la discipline dans l'atelier, l'unité dans
la direction, et constitue, dès lors, un mode très
élevé, parce qu'il est très chrétien, dans l'organisation du travail ; elle mérite de s'étendre et de
réussir. On peut même dire que son développement sera la résultante et le gage de l'amélioration morale et intellectuelle des travailleurs.


## L'ASSURANCE


L'*assurance* est de création moderne ; mais
elle répond si bien au besoin de sécurité et au
sentiment de prévoyance inhérents à la nature

humaine, que ses progrès ont été très rapides.
Les risques couverts par des assurances s'élèvent
en Europe à plusieurs centaines de milliards.
Ils étaient, en France, en 1869, de 63,400 millions, et en 1879, de 98,444. Ils dépassent en ce
moment 100 milliards.

De même que le sentiment public met une
confiance inaltérable dans l'électricité pour
suppléer aux combustibles minéraux qui nous
manqueront un jour, de même la conscience
publique se repose sur l'*assurance* pour résoudre
certains problèmes obscurs et délicats du travail.
Sans être une panacée universelle, l'*assurance*
est certainement digne de la confiance que l'on
met en elle. L'habileté avec laquelle ont été
déjà résolues les difficultés des assurances sur
la vie, des rentes viagères, etc., en est un sûr
garant.

## LOI DE L'ACCROISSEMENT DU SALAIRE

Nous avons vu plus haut que le salaire a des
chances certaines de hausse dans les pays où la
richesse publique croît plus vite que la population.

La relation étroite qui existe entre l'accroissement de la population et celui du capital, c'est-
à-dire de l'instrument du travail, n'a pas pu
manquer de fixer, dès les premiers pas de la
science économique, l'attention des penseurs.
Des faits nombreux, patents, irrécusables ont été
groupés et élucidés dès le siècle dernier, où
Adam Smith a formulé cette loi : si l'instrument
du travail croît plus vite que la population, il y
a hausse dans les salaires. La science moderne,
par ses interprètes les plus autorisés, Bastiat et
Rossi, a confirmé cette loi, qui vaut aujourd'hui
un axiome.

Examinons donc ce qui se passe chez nous à
cet égard.

La population, lors du recensement de 1876,
était de . . . . . . . . . . . . . .   38,067,064
et au recensement de 1820, de . .   30,461,875
                                    _____
L'augmentation est de. . . .    7,605,189

C'est une augmentation de 169,000 têtes par
an, soit 0,55 pour 100. A ce taux, il faut cent
quatre-vingts ans pour doubler la population.

Les mutations par décès et transmissions

entre vifs, constatées officiellement, ont donné
les chiffres suivants en millions :

| | |
|---|---|
| 1826 . . . . . . . . . . | 1,796 |
| 1835 . . . . . . . . . . | 2,059 |
| 1856 . . . . . . . . . | 2,907 |
| 1866 . . . . . . .    . . . | 4,547 |
| 1876 . . . . . . . . . . | 4,702 |

Ainsi, de 1826 à 1876, c'est-à-dire en cinquante
années, l'augmentation a été de 2,906 millions,
soit 58 millions et 3,33 pour 100 par an, tandis
que la population n'augmentait que de 0,55 pour
100, soit, six fois moins.

La tendance générale des salaires à monter
chez nous ne laisse donc pas de doute. Or la
hausse des salaires n'est pas seulement le signe
et la preuve de l'agrandissement de la production,
mais aussi du perfectionnement des produits.

## RÉSULTATS ACQUIS

Recherchons donc si ces déductions se vérifient
dans les différentes branches de notre production nationale.

## L'AGRICULTURE

L'agriculture a fait des progrès considérables en quantité, en qualité, en variété de produits. Depuis l'Empire, la valeur annuelle de ses produits a presque quadruplé ; 3,356 millions en 1813 ; 12 milliards aujourd'hui.

De 1828 à 1874, le nombre de milliers d'hectolitres de céréales et de pommes de terre a passé de 222,769 à 423,223.

Les surfaces emblavés en froment ont passé de 4,500,000 hectares à 6,816,411, et cette différence de 2,316,000 hectares a été prise sur les terres incultes et sur les céréales inférieures.

Le rendement du froment, à l'hectare, a passé de $8^h,50$ (1857) à $11^h,04$ (1831), $12^h,33$ (1845) à $15^h,52$ (1852), $16^h,88$ (1863) à $19^h,36$ (1874).

Le poids de l'hectolitre de froment a passé de $73^k,10$ (1853) à $75^k,64$ (1862). Il varie aujourd'hui de $77^k,50$ à 79 kilogrammes.

L'INDUSTRIE

La transformation en grand de la matière, l'application de la science et de la mécanique aux travaux de l'industrie, l'appropriation de ses produits à tous les besoins humains, sont des faits essentiellement modernes. Le principal mérite de ces grandes créations doit être reporté aux libertés successivement conquises par les peuples. Elles ont donné l'essor à l'initiative individuelle, à l'action intelligente de l'homme, sous l'égide de lois de plus en plus larges et justes, qui ont assuré de mieux en mieux au travailleur la libre et sûre possession et transmission des fruits de son travail et de celui de ses pères.

Dans ce mouvement sans précédent, dans cette énergique et ingénieuse action sur la matière, si variée, si complexe dans ses moyens, l'industrie des vastes ateliers, et des nombreuses réunions d'hommes, grandies et fortifiées par le génie mécanique, la manufacture, en un mot, est un fait nouveau dans ces créations du monde moderne.

Les grands ateliers, même en Angleterre qui
nous a de beaucoup précédés dans cette voie, les
manufactures, ne datent guère que de la moitié
du dernier siècle ; chez nous, à peu d'exceptions
près, elles sont nées à la paix qui a suivi les
guerres et les désastres de l'Empire.

Si l'industrie française n'avait pas eu à subir
le profond ébranlement de la révocation de l'édit
de Nantes, puis l'arrêt général causé par la Révolution française, elle égalerait peut-être l'Angleterre aujourd'hui, malgré la supériorité des éléments naturels que possède cette nation pour la
grande industrie. Plusieurs des facultés nécessaires à ce bel emploi des facultés humaines,
celui des transformations de la matière, la
France les a. Elle a confiance dans la science et
dans l'art ; elle a l'initiative et, dans plusieurs
branches essentielles du travail, l'invention. Elle
a le goût, le soin dans l'exécution, l'amour de la
qualité. Les arts chimiques semblent lui être
naturels. Dans les arts décoratifs, dans toutes les
industries où le dessin, la couleur, la forme
font partie intégrante de la fabrication, elle a
notoirement conquis la première place.

Nous n'avons aucun document statistique

détaillé et certain sur l'importance de la production industrielle de la France, au retour de la paix, en 1815. Les évaluations les plus larges la portent, pour cette époque, à trois milliards et demi ou quatre milliards. Pour la fin du second Empire, un document officiel a porté la production industrielle à douze milliards; plus tard, deux statisticiens éminents, MM. Maurice Block et Vachée, ont estimé la production industrielle, l'un à 12,792 millions, l'autre à 12,482 millions. Aujourd'hui on ne peut l'estimer à moins de quatorze milliards, qui se partagent par parties à peu près égales entre la grande et la petite industrie.

En 1839, nous avions 1,750 machines à vapeur et locomotives d'une force de 35,000 chevaux.

En 1875, nous avions 32,006 machines à vapeur, locomotives et locomobiles, d'une force de 400,756 chevaux, ci . . .   400,756 chev.

Les roues hydrauliques et
   turbines y ajoutent . . .   296,400
Les moulins à vent . . . .    39,569
Les manèges . . . . . . .     7,296
                             ————

    Total . . . . . .   744,021 chev.

Le cheval-vapeur équivalant à 15 hommes, c'est donc une force de 11,169,315 hommes que le génie mécanique ajoute aux 4,468,947 ouvriers ou ouvrières industriels, dont le nombre est ainsi presque triplé.

La production de la houille a passé de 480,000 tonnes, en 1811, à 16,900,000 tonnes, en 1877;

La production de la fonte de 110,000 tonnes en 1819, à 1,520,000 tonnes, en 1877;

La production du fer, de 90,000 tonnes, en 1819, à 745,000 tonnes, en 1877.

L'acier a passé de 10,000 tonnes, en 1833, à 250,000 tonnes, en 1877. En un mot, et en un demi-siècle, la production du fer, de la tôle, et de l'acier est passée de cent mille à quatorze cent mille tonnes, et les prix ont baissé de 70 pour 100.

L'industrie de la laine a passé de 238 millions de francs en 1812, à 1,200 millions en 1878.

L'exportation des articles de Paris a passé de 278 millions, en 1869, à 506 millions, en 1875.

## LE COMMERCE

Notre commerce extérieur (commerce général) a passé de 1,365 millions (période de 1827 à 1836) à 9,200 millions, et le commerce spécial de 1,001 millions à 7,656 millions.

Ces progrès vraiment prodigieux, outre qu'ils prouvent l'aptitude de la France pour la grande industrie, démontrent aussi la puissance de la liberté du travail, et de l'égalité de tous devant la loi.

## NOMBRE DES TRAVAILLEURS

La population française, d'après le dénombrement officiel de 1876, était de 36,905,788.

Ce nombre se divise comme suit, en comprenant, dans chaque classe, non seulement ceux qui exercent la profession, mais ceux qui en vivent, famille et domestiques :

| | |
|---|---:|
| 1° Agriculture. | 18,905,605 |
| 2° Industrie. | 9,274,537 |
| 3° Commerce | 3,837,223 |
| *Report.* | 32,017,365 |

A *reporter*. . .   32,017,365

4° Professions libérales. . . . . . . . . . .   1,400,636

5° Personnes vivant exclusivement de leurs
revenus . . . . . . . . . . . . . . . .   2,151,888

6° Armée de terre et de mer . . . . . . . .   385,076

7° Gendarmerie, police. . . . . . . . . .   130,769

8° Professions comptées à part (hôpitaux, collèges, communautés, etc.) . . . . . . . .   475,514

9° Professions non classées, mendiants, vaga-
bonds, prostituées. etc. . . . . . . . . .   344,532

     36,905,780

Le nombre des travailleurs s'établit comme
suit :

| SÉRIES. | PATRONS, CHEFS, TITULAIRES | | EMPLOYÉS ET OUVRIERS | | DOMESTIQUES | |
|---|---|---|---|---|---|---|
| | HOMMES. | FEMMES. | HOMMES. | FEMMES. | HOMMES. | FEMMES. |
| 1 | 3,495.464 | 410,927 | 1,592,273 | 1,137,193 | 661,556 | 663,698 |
| 2 | 899,044 | 226,636 | 2,003,050 | 1,340,217 | 78,085 | 143,107 |
| 3 | 563,306 | 220,795 | 584,328 | 207,468 | 65,655 | 188,493 |
| 4 | 346,394 | 135,461 | 137,849 | 28,358 | 42,941 | 139,544 |
| 5 | » | » | 40,276 | 51,058 | 98,181 | 262,750 |
| 6 | 366,000 | » | » | » | 1,500 | 2,476 |
| 7 | 45,451 | » | 5,046 | 357 | 431 | 1,724 |
| 8 | 40,000 | 80,000 | 10,000 | 20,000 | 1,000 | 2,500 |
| | 5,755,659 | 1,073,819 | 4,372,822 | 2,784,651 | 949,349 | 1,404,280 |

Ces chiffres se résument comme suit :

|  | Hommes. | Femmes. |
|---|---|---|
| Patrons, chefs, titulaires. . . . . | 5,755,639 | 1,073,819 |
| Employés, ouvriers, journaliers. . | 4,372,822 | 2,784,650 |
| Domestiques . . . . . . . . . . | 919,349 | 1,404,289 |
| Totaux. . . . | 11,077,830 | 5,262,779 |

| | |
|---|---|
| L'ensemble est de . . . . . . | 16,340,589 |
| Il faut y ajouter les titulaires parmi les personnes vivant exclusivement de leurs revenus . . . . | 943,617 |
| Les mendiants, vagabonds. . . | 281,540 |
| | 17,565,746 |
| Il reste donc pour les familles . | 19,340,042 |
| Total égal . . . . | 36,905,788 |

Et comme dernier résumé, nous trouvons que, dans notre monde du travail, le nombre de patrons et titulaires est de. . . . . 6,829,448 et celui des employés, ouvriers et domestiques, de. . . . . . . . . . 9,511,181

Aucun fait ne prouve mieux combien chez nous les rangs de la propriété et du patronat sont largement ouverts. Je ne crois pas que, chez aucune nation, la démocratie, la vraie, la bonne, s'affirme avec plus de certitude et de puissance.

## ACTION DE L'ÉTAT SUR LE TRAVAIL

L'État a trois moyens puissants d'encourager le travail : l'impôt, .les travaux publics, les droits de douane. Rendons-nous-en compte sommairement.

### L'IMPOT

La légitimité de l'impôt repose sur le consentement de la nation exprimé par le libre vote de ses mandataires. La loi fiscale doit être si claire et si précise que l'autorité ne puisse demander que ce qui est dû, et que le contribuable puisse toujours savoir ce qu'il doit et contrôler ce qu'il paye. L'arbitraire doit être absolument exclu de la perception de l'impôt. Les taxes doivent être variées de manière à atteindre l'ensemble des contribuables et à n'être excessives pour personne. Enfin, elles sont d'autant plus productives qu'elles sont plus modérées.

Telles sont les règles de l'impôt, et sans la pratique desquelles le travail souffre, le capital se forme péniblement, le progrès matériel est instable et languissant.

Notre système financier est généralement conforme à ces grandes lignes. En restant fidèles aux principes qui l'ont inspiré, il sera facile d'y introduire les améliorations qu'il comporte.

Mais si l'assiette de l'impôt est, pour toute nation, une question de premier ordre; si, selon la grande et forte pensée de Montesquieu, « il n'est rien que la sagesse et la prudence doivent plus régler que cette portion qu'on ôte et cette portion qu'on laisse aux sujets[1] »; l'emploi de l'ensemble des contributions, la formation du budget, ne sont-elles pas aussi des questions de premier ordre?

Ici encore, Montesquieu a donné les règles les plus vraies, les plus sûres, et il a prophétiquement tracé, de certains de nos financiers politiques, des portraits si ressemblants qu'ils font peur :

« Il ne faut pas prendre au peuple sur ses besoins réels, et pour des besoins de l'État imaginaires.

---

1. *Esprit des lois*, liv. I, ch. XIII.

» Les besoins imaginaires sont ceux que demandent les passions et les faiblesses de ceux qui
gouvernent, le charme d'un projet extraordinaire, l'envie maladive d'une vaine gloire et certaine impuissance d'esprit contre les faiblesses[1]. »

Ces règles ont-elles été observées? Notre dernière législature, notamment, ne s'est-elle pas
laissé entraîner à bien des besoins imaginaires?
S'est-elle suffisamment défendue contre les en-
vies maladives? A-t-elle courageusement, intelli-
gemment distingué entre ce qui pouvait se
demander et ce qui devait être laissé au contribuable?

Il est malheureusement impossible de répondre
affirmativement à ces questions. Nos dépenses
se sont accrues, notre budget n'a pas cessé de
grossir dans des proportions excessives. On semble avoir complètement oublié que les désastres
de 1871 nous ont imposé des pertes et des charges
dont le chiffre officiel est de 14 milliards, et qu'il
a fallu les couvrir par de nouveaux impôts, par
des impôts de guerre.

---

1. *Esprit des lois*, liv. I, ch. xiii.

Or, quelle est la première des règles en matière d'impôts de ce genre? Qu'il faut les faire
disparaître par la plus rigide économie, et que
c'est seulement après les avoir amortis qu'on
peut inscrire au budget de nouvelles charges
permanentes; ce n'est pas trop des plus grands
et des plus persévérants efforts pour en effacer
les traces. Les plus-values du budget, cette
preuve inespérée de la ferme volonté de la France
de tout réparer par son travail, n'ont pas été
appliquées ainsi, il s'en faut.

## EXEMPLE DES ÉTATS-UNIS

Pendant ce temps que faisaient les États-
Unis? Eux aussi avaient subi une guerre ter-
rible, celle de la sécession, et les charges fédé-
rales s'y étaient accrues de 13 milliards.

Dès la signature de la paix, en 1867, les armées ont été licenciées sans perdre un jour, la
nation s'est remise vaillamment au travail, et
son gouvernement n'a plus eu qu'une pensée, le
dégrèvement des impôts, l'amortissement de la
dette. Voici les résultats acquis l'année dernière :

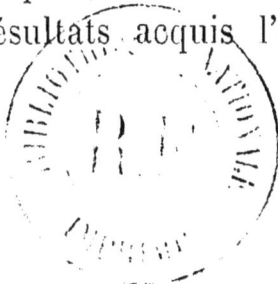

| Dégrèvement des impôts. . . . . | 1,260,000,000ᶠ |
|---|---|
| Diminution de la dette . . . . . | 3,600,000,000 |
| | 4,860,000,000 |

C'est un amortissement de 370 millions par an !

Nos dégrèvements, à nous, se sont élevés à 286 millions en onze ans; c'est 29 millions par an !

Ces chiffres se passent de tout commentaire.

## VOIES DE COMMUNICATION

L'efficacité des voies de communication pour le développement du travail et de la production nationale est, depuis longtemps, hors de toute contestation. Un territoire ne peut être mis dans toute sa valeur que lorsque toutes ses parties essentielles sont facilement accessibles et peuvent recevoir et expédier sans embarras et à bas prix.

Le caractère et le bienfait des voies de communication est si généralement compris que presque toutes les nations ont voulu que leur gouvernement prît part à leur établissement, soit pour la conception et le plan général, soit pour l'exécution. La France a suivi ce système.

La situation générale des voies de communication était la suivante, au 1er janvier 1878, pour les chemins vicinaux, et au 1er janvier 1879 pour les autres :

| | | |
|---|---|---|
| Chemins vicinaux . . . . . . . . . . | 417,265 | kilomètres. |
| Routes départementales. . . . . . . . | 38,359 | — |
| Routes nationales . . . . . . . . . . | 37,280 | — |
| Voies navigables . . . . . . . . . . | 13,047 | — |
| Chemins de fer en exploitation. . . . . | 21,500 | — |

En 1878, un plan général d'achèvement des chemins de fer, des canaux, des ports maritimes, a été proposé par le ministre des travaux publics; trois lois de classement ont été rendues en 1870; les évaluations s'élèvent à 6 milliards, savoir :

| | |
|---|---|
| Chemins de fer. . . . . . . . . . . . | 3,500,000,000 |
| Canaux et canalisations . . . . . . . . | 1,000,000,000 |
| Ports maritimes. . . . . . . . . . . . | 500,000,000 |
| Rachat de concessions de chemins de fer. | 750,000,000 |
| Reboisements, défrichements, etc. . . . | 250,000,000 |
| Total . . . . . . | 6,000,000,000 |

On estime que, moyennant cette dépense, le

réseau des chemins de fer sera porté à 42,000 ki-
lomètres ; celui des canaux et des rivières cana-
lisées, à 16,000, et que tous nos ports auront
reçu les améliorations et l'outillage nécessaires.

On estime enfin que tous ces travaux pourront
être exécutés à raison de 500 millions par an,
de 1879 à 1890.

Les hommes les plus compétents en finances
et en économie sociale se sont accordés sur l'exagération de ce chiffre annuel, qui devrait être
réduit à 300 millions et donnerait déjà une
grande preuve de la bonne volonté de la nation ;
lui en imposer davantage est un excès qui n'a
d'explication que dans les besoins électoraux du
parti au pouvoir.

## LES DROITS DE DOUANE

Les droits de douane donnent à l'État un
moyen d'action très efficace sur le travail. En
frappant un produit étranger d'un droit d'entrée
plus ou moins élevé, l'État en limite plus ou
moins l'importation et *protège* ainsi plus ou
moins le produit similaire national. C'est ce
qu'on appelle le système protecteur, système

pratiqué avec plus ou moins d'intensité par toutes les nations qui ont une industrie de quelque importance.

Les droits de douane ont un autre but que celui de la protection du travail; ils sont, pour la plupart, simplement fiscaux et forment ainsi une source importante du revenu. L'Union Américaine demande à la douane plus de la moitié du budget fédéral; l'Angleterre, un quart; la France, un neuvième.

La méthode financière de ces deux pays est évidemment supérieure à la nôtre. Quoi de plus légitime que ce genre de perception sur l'étranger? C'est une bien faible compensation du grand débouché qu'on lui ouvre.

On oppose, depuis bien des années, au système protecteur, celui de la liberté commerciale, consistant dans l'exemption ou la grande modération des droits à l'entrée des produits étrangers. Dans ce système, les gouvernements n'ont qu'à *laisser faire*, à *laisser passer* et à se croiser les bras.

Telle est la théorie; mais que dit la pratique? Existe-t-il un seul gouvernement qui ait jamais consenti à se désintéresser de la sorte des destinées du travail? Pas un seul, et celui qui porte le plus haut le drapeau de la théorie n'y conforme pas tous ses actes. L'Angleterre maintient encore sur les vins de France des droits très restrictifs de l'importation chez elle.

Il n'est pas possible d'oublier que, sans aucune exception, toutes les nations qui ont voulu fonder chez elles la grande industrie l'ont couverte par des droits de douane. C'est un fait sans exception.

Deux exemples tout récents et mémorables. nous sont donnés dans ce sens. Deux grandes nations, après deux guerres formidables et des efforts inouïs, n'ont cru pouvoir rendre la vigueur, le bien-être, la richesse à leurs populations, qu'en les poussant presque fébrilement au travail, et n'ont trouvé pour y réussir qu'un procédé, celui de la protection par le droit de douane. Ces deux nations sont l'Amérique du Nord et l'Allemagne, bien dissemblables sous tous les rapports.

Ce qui s'est dit de plus spécieux en faveur de la liberté commerciale, c'est que, puisque la liberté du travail a eu de si merveilleux résultats, — qui ne sont contestés par personne, — la liberté des échanges ne peut manquer d'en produire de semblables. Les deux questions ne sont pas aussi semblables qu'on le croit : l'une est exclusivement nationale et l'autre internationale. Quand une nation se donne la liberté du travail, elle n'a pas à s'occuper de l'effet qui se produira chez ses voisins ; elle sait qu'elle fait son bien, son bien propre, et que personne n'a rien à y voir. En est-il de même de la liberté des échanges ? l'intérêt du régnicole est-il toujours semblable à celui de l'étranger ? Il n'y a pas l'ombre d'un doute dans la première question. Il y a presque toujours doute dans l'autre. Il n'y a pas d'erreur possible dans le premier cas ; une erreur est très possible dans le second, et peut devenir l'origine des plus graves complications.

La vérité est au milieu de ces complications ; il n'y pas de peuple qui, pour certains de ses produits, n'ait besoin de défense ; il n'y en a pas qui, pour certains autres, n'ait avantage à la liberté des échanges. C'est une question de faits, de prudence, de mesure ; c'est une question de transaction.

C'est le terrain sur lequel la France s'est constamment placée ; c'est celui de la sagesse et de la bonne politique.

## LES GRÈVES ET COALITIONS

Quand la liberté du travail a été donnée à la France, le législateur n'a pas admis la liberté des coalitions et des grèves. La loi de 1791, le Code pénal, la loi de 1849, ont édicté des peines qui ont été très souvent appliquées.

La loi de 1864 les a rendues libres, sauf le cas de violences et de menaces. On avait beaucoup compté sur l'effet de cette loi pour calmer les esprits et assurer la tranquillité des ateliers. Il n'en a rien été. Un document officiel (Rapport de la Chambre de commerce de Paris) établit que jamais les grèves n'ont été plus nombreuses, plus menaçantes, et n'ont affiché de prétentions plus excessives que depuis 1864.

La conclusion de la Chambre de commerce de Paris est que la loi doit être rapportée.

Ce vœu ne me paraît pas devoir être exaucé. Les patrons peuvent facilement se concerter entre eux, du moins dans la grande industrie. Comment refuser la même faculté aux ouvriers?

Mais le patronat a une ressource qui ne saurait lui être ravie. C'est l'union de ses membres dans la résolution de ne jamais céder à la violence, à la menace, à la grève. Depuis que le patronat anglais a pris ce parti, il est redevenu maître de la situation, au grand profit de la majorité des ouvriers, qui savent que penser aujourd'hui des grèves et des souffrances irrémédiables qu'elles entraînent.

Quelques personnes mettent une certaine confiance dans l'institution légale des syndicats professionnels. Il ne faut pas espérer donner par là satisfaction aux ouvriers, du moins à ceux qui parlent sans mandat au nom de la profession. Ce qu'ils veulent, c'est la liberté entière de réunion et d'association. Cette liberté, dans la pensée des meneurs, c'est la résurrection de l'Internationale et l'abrogation de la loi qui a dissous cette société ; c'est aussi la formation du quatrième État, cette aspiration des congrès ouvriers.

Faire à la liberté une part largement suffisante, sans la faire excessive ou subversive, c'est, pour notre temps, un problème presque insoluble ; il ne pourra être résolu avec sagesse que par des pouvoirs publics qui auront retrouvé le sentiment et la notion de la conservation sociale.

## CONCLUSIONS

Telle est donc l'organisation actuelle du travail; elle n'est pas particulière à la France; toutes les nations chrétiennes la pratiquent, avec quelques nuances chez certaines d'entre elles; mais ces nuances laissent entier le fond des choses.

L'esclavage termine ses dernières étapes au Brésil; il a été vaincu pour jamais aux États-Unis, il y a quinze ans. Le servage et le régime de la propriété communale font place, en Russie, au travail libre, et au régime de la propriété individuelle. Aujourd'hui, et grâce à Dieu, partout où il y a un chrétien, il y a un travailleur libre. On peut dire en toute vérité que la chrétienté a pour drapeau la propriété et la liberté du travail. Trois continents et une partie des deux autres lui appartiennent.

J'ai essayé de faire connaître cette organisation dans ses parties essentielles, et souvent dans ses détails intimes; je crois l'avoir fait sans passion, sans réticences, sans parti pris, ne cherchant jamais mes auxiliaires que dans les faits, dans l'expérience, dans le sens commun, dans ce *consensus populorum* qui s'affirme par la pratique, par l'usage, par le concours des forces morales et intellectuelles de tout membre des sociétés qui croient en Dieu.

J'ai aussi exposé les résultats acquis par cette organisation, résultats merveilleux, et qui constituent une très forte preuve de sa valeur propre, puisque cette preuve est celle qui consiste à démontrer le mouvement par la marche. Je n'ai pu donner ces résultats que pour la France, quoique les excellents documents statistiques, qui se multiplient de nos jours, m'eussent permis de le faire, du moins pour les plus importantes nations; mais ce n'est pas deux volumes qui eussent suffi à mon *Étude* comprise ainsi.

Je n'ai pas cru devoir aborder la réfutation directe des idées socialistes et communistes; c'eût été, pour ainsi dire, un double emploi, car si mon livre contient la vérité, il est la réfutation de l'erreur par les faits. Mais c'eût été surtout refaire un travail dû aux meilleurs esprits, et continué de nos jours par tous les écrivains et tous les penseurs, qui ne croient pas que de grandes nations puissent se gouverner par l'utopie, ou ne puissent faire des progrès qu'en passant sous les fourches caudines du jacobinisme.

Cette organisation actuelle du travail se fonde sur la liberté, sur la propriété individuelle, sur le Code civil, sur le respect de conventions librement débattues entre personnes jouissant des droits de l'égalité devant la loi. Elle comporte trois éléments : le capital, l'intelligence, la main-d'œuvre. Elle combine, associe ces éléments, les solidarise, les harmonise et les amène à produire les merveilles que nous avons décrites.

Est-ce à dire que ce régime soit la perfection pure, et que, si on ne démontre pas qu'il la possède, il doit être renversé. O logique à outrance ! Existe-t-il une seule œuvre humaine qui soit la perfection? Existe-t-il une situation, une condition humaine ou sociale, exempte de troubles, d'inquiétudes, de souffrances, de douleurs? Vous êtes soumis à la maladie, à la mort, et vous voulez la perfection sur la terre !

Ce n'est pas la perfection qu'il faut demander à ce qui sort de la main des hommes ; c'est la perfectibilité. Le régime actuel du travail est-il perfectible? Il l'est, et ne cesse d'en fournir les preuves.

N'est-il pas vrai que l'on ne peut, sans une
injustice et un aveuglement extrêmes, refuser à
la société française, non seulement de n'être ré-
fractaire à l'étude d'aucun des progrès proposés,
mais d'aborder cette étude avec une prédisposi-
tion favorable. Ceux qui le nieraient, nieraient
l'évidence elle-même.

Et l'évidence nous montre que chez nous le
champ est largement ouvert à tous les progrès
sensés et pratiques ; mais le bon sens et l'expérience ne comptent pour rien dans tous les pré-
tendus progrès que l'on préconise tour à tour, et
dont la nomenclature commence à devenir longue ? Y en a-t-il eu un seul qui ne s'appuyât
sur la violation du droit, de la propriété, de la
liberté du travail ?

Aujourd'hui, que voyons-nous ? La dernière
combinaison qui rallie la majorité dans les congrès ouvriers, c'est la formation du *quatrième
état*, de l'état ouvrier ! C'est assurément la plus
extraordinaire innovation de toutes celles qui
ont été proposées [1].

---

1. Je ne parle pas de la révolution par le coup de fusil, qui a
trouvé des adhérents dans le dernier congrès ; ces enfants perdus de
la spoliation sociale n'y sont qu'une faible minorité, je puis l'affirmer.

Un quatrième état! Il y a donc trois états, et ils ne peuvent être que la noblesse, le clergé et le tiers état? Et notre histoire des cent dernières années, qu'en fait-on? Sa grande œuvre a été la formation de l'unité sociale, la fusion de tous les rangs, l'abolition de tous les privilèges, l'égalité de tous devant la loi, devant une seule et même loi, la destruction des corporations, et la liberté du travail, pour tout travail et pour tout travailleur. Eh bien, encore une fois, de tout cela que fait-on ?

De toutes les parties de la population française, il n'en est pas qui ait plus gagné que les travailleurs aux changements opérés dans nos lois civiles et politiques. Le travail ne leur était possible autrefois que dans des corporations fermées, où, par une rare exception, quelques-uns d'entre eux seulement pouvaient aspirer à la maîtrise. Il n'y avait pas alors un million de patrons dans toute la France; il y en a aujourd'hui près de sept millions, dont la moitié au moins sort du salariat.

Et c'est en présence de ces progrès immenses, en souvenir de ces bienfaits qui dépassent toutes les espérances de la fin du siècle dernier, que les mots : Corporation, Quatrième état, État ouvrier, ont retenti au congrès de 1876, et à ceux qui l'ont suivi.

S'agit-il ici de diviser de nouveau la nation en un certain nombre de classes, ayant leurs conditions spéciales, leurs privilèges particuliers, s'équilibrant et se soutenant les unes par les autres? Utopie, sans doute, mais qui supposerait, enfin, un certain esprit d'ordre et d'organisation.

Mais ce n'est ni cela, ni rien d'analogue. Ce que l'on veut, c'est une seule classe, pour les ouvriers seuls ; le reste de la nation, on ne s'en occupe pas ; trouvant la liberté mauvaise pour soi, on veut la lui laisser ! Ainsi, une classe ouvrière organisée en corporations fermées et fédérées, avec son droit ouvrier, ses tribunaux ouvriers, sa représentation ouvrière, voilà les revendications actuelles ! En vertu de quel mandat se sont-elles produites? On l'ignore ; mais enfin, sont-elles l'expression des volontés et des sentiments de la majorité des ouvriers, de ceux du moins qui ont quelques lumières, quelques notions des droits et des devoirs qui constituent moralement les sociétés modernes, et particuliè-

rement la nôtre? Non, je n'hésite pas à l'affirmer, et ici, je suis d'accord avec la commission
d'enquête de l'Assemblée nationale sur les conditions du travail. Serait-ce d'ailleurs la majorité? Il faudrait la plaindre, l'éclairer, mais non
lui obéir. Une nation n'a pas le droit de se
suicider.

Je suis de ceux qui croient fermement que
parmi les bons ouvriers, un certain nombre commence à reconnaître que ce que leurs chefs im-
provisés recherchent en eux, ce sont des appuis
pour leurs ambitions, et que ce n'est pas l'intérêt
ouvrier qui est le vrai souci des meneurs.

De toutes les formules qu'on leur a proposées,
ils ne sont pas loin de comprendre qu'une seule
est vraie : hors de l'expérience, de la pratique, du
droit commun, du sens commun, il n'y a ni salut,
ni prospérité pour le travail.

Il appartient aux hommes de bonne volonté, à
ceux qui donnent pour fondement à leurs sentiments politiques et sociaux, le seul amour de la
patrie, et qui s'inspirent de l'esprit chrétien, de
suivre ces lueurs de bon sens de l'œil le plus
attentif, de les encourager, de les propager.

Lorsque l'Évangile a prononcé cette grande

parole : *Paix sur la terre aux hommes de bonne volonté*, il ne leur a pas fait seulement une promesse ; il leur a imposé une obligation, celle d'être les plus dévoués partisans et les plus actifs missionnaires de la paix sociale.

La paix sociale ne peut pas sortir du renversement révolutionnaire de l'organisation actuelle du travail, organisation qui fait ses preuves, tous les jours, par des résultats inespérés et qui, par les incontestables progrès qu'elle a déjà obtenus, prouve son élasticité, sa largeur de vues et de sentiments, sa perfectibilité, en un mot. La liberté du travail n'est pas plus contestée de nos jours qu'elle n'est contestable ; la liberté d'association dans le travail et pour le travail ne l'est pas davantage. Nul obstacle, dans nos lois, dans nos mœurs, pour toute association d'industrie ou de commerce, pour toute société coopérative, pour tout système d'assurances, pour toute combinaison enfin, qui sera faite d'expérience et de bon sens, de liberté et d'esprit chrétien.

L'esprit chrétien, dans les ateliers, c'est la justice et la bienveillance des chefs, agents, ouvriers, les uns à l'égard des autres ; c'est la réciprocité dans les égards et la bonne volonté.

L'esprit chrétien, dans les lois, c'est l'effort continu, patient, persévérant, dans l'amélioration morale, intellectuelle, matérielle de la nation. L'esprit chrétien, dans nos mœurs, c'est la pratique assidue, éclairée de la loi évangélique : l'amour du prochain.

C'est l'avenir ; c'est le salut.

FIN

# TABLE DES MATIÈRES

## DES PREMIER ET DEUXIÈME VOLUMES

moyen certain d'arriver au crédit : c'est sa bonne conduite, et son économie.

Les patrons souffrent souvent plus des crises que l'ouvrier. — Efforts de la grande industrie pour maintenir le travail. — Causes personnelles. — Mollesse au travail. — Mauvaise conduite. — Mauvaise santé. — Formule de Bastiat : Il y a encore trop d'aléatoire dans le salaire. — L'aléatoire diminue avec l'accroissement du capital; plus le capital est abondant, et plus le travail est demandé.

## APPENDICES

## DIAGRAMMES

### A LA FIN DU IIᵉ VOLUME

I. La production du blé.

II. Rendement du blé à l'hectare.

III. Prix des blés français, ang'ais, américains.

IV. Production du vin.

V. Commerce général, commerce spécial.

VI. Production et prix du fer.

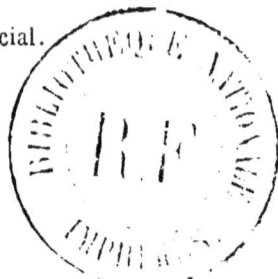

FIN DE LA TABLE DES MATIÈRES.

PARIS. — IMPRIMERIE EMILE MARTINET, RUE MIGNON, 2

PARIS — IMPRIMERIE ÉMILE MARTINET, RUE MIGNON, 2

www.ingramcontent.com/pod-product-compliance
Lightning Source LLC
Chambersburg PA
CBHW052207270326
41931CB00011B/2261